OS ARQUIVOS DE ELVIS

Todd Slaughter
com Anne E. Nixon

OS ARQUIVOS DE ELVIS

Tradução:
Maria Batista Premoli

MADRAS®

Publicado originalmente em inglês sob o título *The Elvis Archives*, por Omnibus Press.
©2004, Omnibus Press.
Direitos de edição e tradução para todos os países de língua portuguesa.
Tradução autorizada do inglês.
© 2011, Madras Editora Ltda.

Editor:
Wagner Veneziani Costa

Produção e Capa:
Equipe Técnica Madras

Tradução:
Maria Batista Premoli

Revisão da Tradução:
Guilherme Miranda

Revisão:
Tatiana B. Malheiro
Neuza Rosa
Arlete Genari

Dados Internacionais de Catalogação na Publicação (CIP)
(Câmara Brasileira do Livro, SP, Brasil)

Slaughter, Todd
 Os arquivos de Elvis / Todd Slaughter com Anne E. Nixon; tradução Maria Batista Premoli. – São Paulo: Madras, 2011.

Título original: The Elvis archives.
ISBN 978-85-370-0716-7

1. Atores e atrizes de cinema - Estados Unidos - Biografia 2. Cantores - Estados Unidos - Biografia 3. Músicos de rock - Estados Unidos - Biografia 4. Presley, Elvis, 1935-1977 I. Nixon, Anne E.. II. Título.

11-10202   CDD-782.42166092

Índices para catálogo sistemático:

1. Estados Unidos : Cantores de rock : Biografia
782.42166092

É proibida a reprodução total ou parcial desta obra, de qualquer forma ou por qualquer meio eletrônico, mecânico, inclusive por meio de processos xerográficos, incluindo ainda o uso da internet, sem a permissão expressa da Madras Editora, na pessoa de seu editor (Lei nº 9.610, de 19.2.98).

Todos os direitos desta edição, em língua portuguesa, reservados pela

MADRAS EDITORA LTDA.
Rua Paulo Gonçalves, 88 – Santana
CEP: 02403-020 – São Paulo/SP
Caixa Postal: 12183 – CEP: 02013-970
Tel.: (11) 2281-5555 – Fax: (11) 2959-3090
www.madras.com.br

Fotos:

Todas as imagens cortesia de Todd Slaughter, exceto:

Alfred Wertheimer/ N B Pictures: 27, 31, 36, 37, 39, 55

Batt Man/ Corbis: 8, 20, 33

EVT/ Rex Features, 13, 15

Globe Photos/ Rex Features: 16, 19

Michael Ochs/ Red Ferns: 25

Snap/ Rex Features: 2, 57

Nota do Editor Internacional:

Todos os esforços foram empreendidos para encontrar os proprietários dos direitos das fotos deste livro, mas um ou dois não foram encontrados. Ficaríamos gratos se os detentores dos direitos das fotos nos procurassem.

INTRODUÇÃO

Se você viajar cerca de 160 quilômetros a sudeste de Memphis, vai chegar a Tupelo, Mississipi, terra natal de Elvis Presley.

Tupelo é um lugar relativamente descontraído, que transpira a grande hospitalidade do Sul norte-americano. É um imã para os fãs de Elvis em todo o mundo: ir e ver a pequena casa de madeira de dois quartos, pintada de branco, redecorada em estilo dos anos 1930, localizada em lindos jardins paisagísticos. Existe uma capela memorial, consagrada em 1979, e um museu de Elvis que data do início dos anos 1990. Uma estátua de bronze de Elvis, aos 13 anos de idade, foi inaugurada em janeiro de 2002 e dedicada aos fãs do mundo inteiro no aniversário de 25 anos de sua morte, em agosto daquele ano. Uma "parede de história" foi acrescentada em 2003, com placas com citações das pessoas da cidade que conheceram Elvis. A parede é na cor marrom-escuro, para acentuar o branco do lugar de origem, e incorpora uma "Fonte de Vida", comemorando os anos de Elvis em Tupelo. Acrescentada também em 2003, rodeando o lugar de origem, está uma calçada com uma pedra para cada ano de vida de Elvis.

É evidente que a Elvis Presley Memorial Foundation e a boa gente de Tupelo têm um imenso orgulho de seu filho nativo.

Elvis the Hillbilly Cat

ÍNDICE

INTRODUÇÃO — 8

Capítulo 1
NO GUETO — 11

Capítulo 2
"EU SOU APENAS UM GAROTO INTERIORANO, SOLITÁRIO E MELANCÓLICO" — 18

Capítulo 3
"THAT´S ALL RIGHT" – TUDO CERTO! — 26

Capítulo 4
SEXO VENDE ELVIS NOS ESTADOS UNIDOS, SUA MÚSICA O VENDE POR TODA A PARTE — 38

Capítulo 5
O DIRETOR ORGANIZOU UMA FESTA — 50

Capítulo 6
MAIS *SEXY* – BEM PAGO E DEMAIS NA ALEMANHA — 64

Capítulo 7
UM HOMEM DO POVO E UMA ESTRELA PARA O POVO — 73

Capítulo 8
VIVA ELVIS — 91

Capítulo 9
ADEUS HOLLYWOOD, OLÁ MUNDO — 102

Capítulo 10
"VIVA LAS VEGAS" — 117

Capítulo 11
OS DIAS TORNAM-SE MAIS LONGOS E AS NOITES... BEM, AS NOITES TÊM MIL OLHOS — 130

EPÍLOGO — 148

CRÉDITOS — 150

CAPÍTULO 1

NO GUETO

Era tudo muito diferente em 1935, naquele frio dia 8 de janeiro, uma terça-feira, quando Gladys Love Presley, aos 22 anos de idade, deu à luz gêmeos idênticos na pequena casa, em Old Saltillo Road, construída por Vernon Presley, o pai dele e seu irmão Vester. Vernon era quatro anos mais jovem que sua esposa e eles tinham acabado de se mudar para a casa nova um mês antes.

Tristeza misturada com alegria; o primeiro filho, Jessie Garon, nasceu morto. Felizmente, Elvis Aaron sobreviveu e recebeu amor em abundância. Pode ter havido terrível pobreza e miséria a leste de Tupelo na Depressão dos anos 1930, mas o amor não custa nada, e a criança de Tupelo cresceu segura no seio de sua família e em uma comunidade unida e voltada

Mesmo assim, ele não conseguia ficar em pé quando cantava

para a Igreja, que cantava alto em louvor a Deus. A música que o menino ouviu na Primeira Igreja da Assembleia de Deus influenciaria e moldaria seu futuro. Uma citação em uma das primeiras revistas para fãs, atribuída a Gladys, mostrou como a música religiosa influenciou seu pequeno filho: "Quando Elvis tinha cerca de 2 anos de idade, ele escorregava do meu colo, corria pelo corredor e ficava olhando para o coro e tentando cantar com eles. Ele era muito pequeno para conhecer as palavras, mas conseguia acompanhar o tom".

À esquerda: Elvis e seus pais, Gladys e Vernon, em 1937.

Conforme crescia, Elvis cantava em reuniões religiosas com seus pais; uma canção favorita era "I Won't Have to Cross The Jordan Alone". "Mesmo assim", teria dito Gladys, "ele não conseguia ficar em pé quando cantava". Curiosamente, os únicos Grammys que Elvis ganhou foram de música gospel (em 1967, para o álbum *How Great Thou Art*; em 1972, para o álbum *He Touched Me;* e, em 1974, para uma *performance* ao vivo de "How Great Thou Art"). Em 2001, Elvis foi postumamente empossado no Gospel Music Hall of Fame, cujos integrantes anteriores incluíam Mahalia Jackson e Billy Graham.

O pastor da Primeira Igreja da Assembleia de Deus, no leste de Tupelo, era Frank Smith, que usava um violão e cantava para levar sua mensagem à sua paróquia, e foi ele quem incentivou o jovem Elvis no seu canto.

ORIGENS HUMILDES

Muitos anos depois que Elvis ficou famoso, tornou-se público que Vernon Presley tinha cumprido pena na penitenciária Parchman, no

11

Mississipi. Com duas outras pessoas, ele falsificou um cheque e, em junho de 1938, iniciou sua pena de três anos, mas foi libertado em menos de um ano. A perda do principal arrimo da família fez com que Gladys e Elvis deixassem sua casa e fossem morar com parentes. Após a soltura de Vernon, a família morou em diversas casas. Gladys, uma costureira habilidosa, fez a sua parte para ajudar nas finanças da família e Vernon encontrou o trabalho que pôde.

À direita: Elvis com 6 anos. Sua primeira foto escolar.

Sonhando, imaginando, mas jamais, em seus sonhos mais loucos, sabendo aonde sua paixão pela música o levaria

No outono de 1941, Elvis, com 6 anos de idade, começou a frequentar a East Tupelo Consolidated School, na Lake Street, também conhecida como Lawhon Elementary School. Um de seus colegas de turma, Becky Martin, recordou que os alunos eram obrigados a aprender os nomes dos presidentes norte-americanos e as capitais de cada Estado, assim como o Discurso de Gettysburg, aquele que contém as palavras tantas vezes citadas, "(...) governo do povo, pelo povo, para o povo", que Abraham Lincoln proclamou em 1862.

Como Elvis, Becky Martin gostava de cantar. Antes das aulas na Lawhon School, Becky disse que havia um culto na capela, em que Elvis às vezes cantava "God Bless My Daddy" ou fazia uma oração. Algumas fontes dizem que foi a professora do quinto ano, sra. Oleta Grimes, quem ensinou Elvis a cantar "Old Shep", uma balada comovente sobre um garoto e seu fiel cachorro. Ela certamente tinha muita fé no menino comportado e, em 1945, quando ele estava com 10 anos de idade, inscreveu o tímido rapaz no concurso Children's Day na feira anual do Mississipi-Alabama, em Tupelo Fairgrounds, em 3 de outubro. Um dos muitos mitos a respeito de Elvis é que ele ficou em segundo lugar. Não foi assim. Elvis recordou-se que foi o quinto colocado, o que lhe deu o direito a passeios grátis pelas atrações da feira. Ele cantou "Old Shep", que gravaria em 1956 para seu segundo álbum, mas que se recusaria firmemente a cantar no palco nos anos 1970, não importava quantas vezes o público a pedisse.

Acredite ou não, uma foto extremamente rara ficava na capa do livro de Bill E. Burk, *The Tupelo Years*, de 1994. Em branco e preto, um pouco granulada, mostra os vencedores e vice-campeões do concurso de talentos alinhados no palco. Elvis, usando óculos, calças presas com suspensórios, está com as mãos atrás das costas.

A concorrente vencedora, Shirley Gillentine; a vice-campeã, (srta.) Nubin Payne; e o terceiro colocado – um rapaz alto e desconhecido – todos exibem orgulhosamente seus troféus.

"Old Shep" foi escrita por Red Foley, muito conhecido no mundo da música country. Na Tupelo rural, country e western foram outros tipos de música que Elvis ouviu e pelos quais foi influenciado. Em escala menor, ele deve ter ouvido blues e, depois que a família

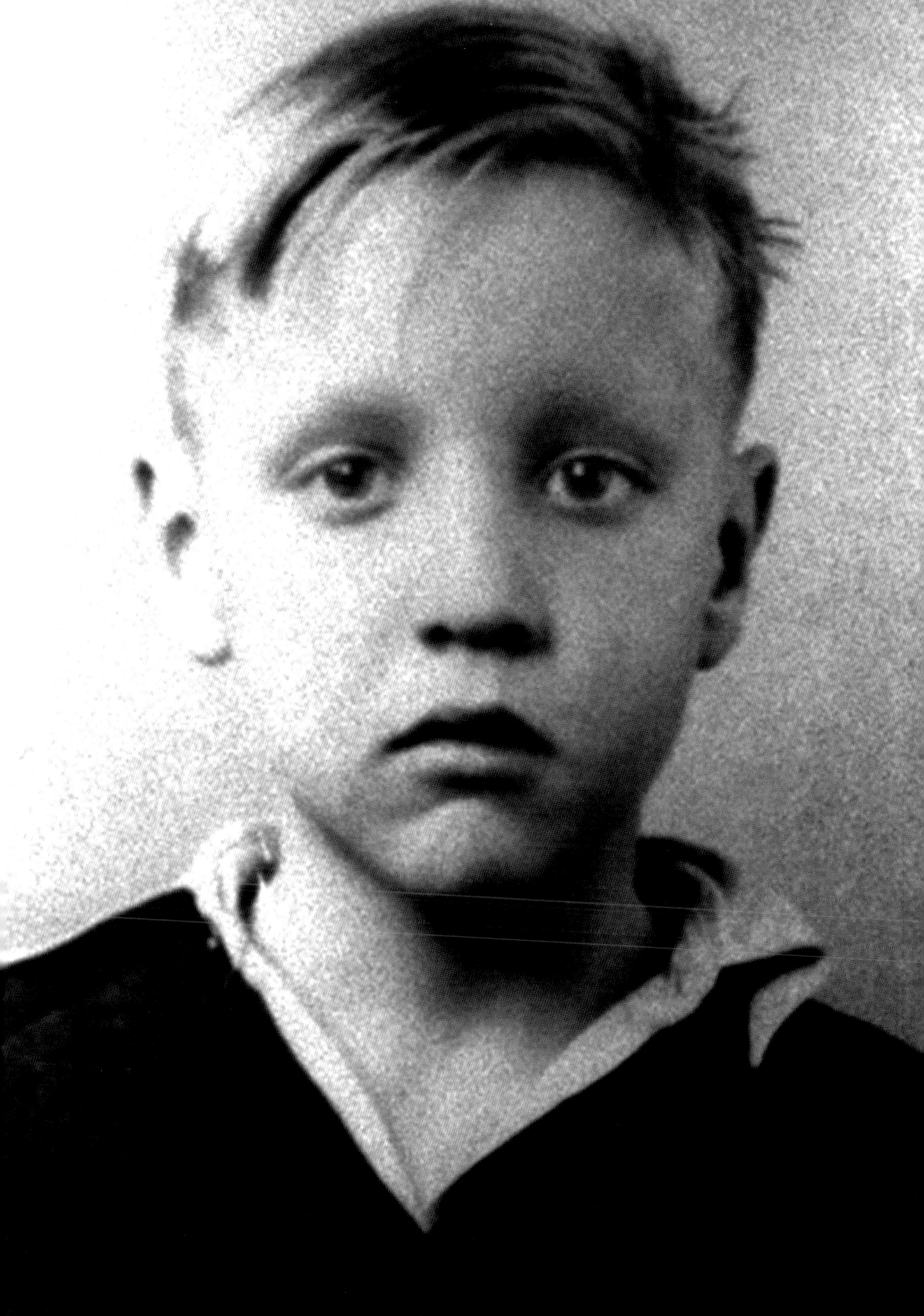

se mudou para a North Green Street, perto do centro da cidade, em 1946, os encontros predicantes repletos de palmas na igreja local negra causariam profunda impressão nele.

Mesmo que Gladys ficasse bem atenta a ele, fora da escola e longe da igreja, Elvis desfrutava de prazeres proibidos tanto quanto um jovem comum. Seu amigo Odell Clark lembrou que Elvis não devia ir à floresta, mas escapava do olhar atento de sua mãe e, com seus jovens amigos íntimos conspiradores, descia em carrinhos caseiros, feitos com engradados de maçã, em zigue-zague pelas colinas arborizadas. Outro amigo, Guy Harris, lembrou que Elvis tinha no seu quintal um "guindaste voador", uma placa pregada em um poste, sobre o qual ele e seus amigos davam voltas e voltas. Brinquedos e jogos caros comprados em lojas não eram acessíveis para a maioria das famílias no leste de Tupelo. Mesmo assim, pessoas que conheceram Elvis recordaram que ele muitas vezes doava todos e quaisquer brinquedos que tinha a outras crianças.

No entanto, quando se tratava de sua manteiga de amendoim e de seus biscoitos, sempre que seu tio Vester, irmão mais velho de Vernon, aparecia, o pequeno Elvis urgentemente avisava Gladys para esconder a comida dele, que o importunava para roubar a manteiga de amendoim e os biscoitos.

À medida que crescia, Elvis gostava de ir ao cinema e, por 50 centavos, assistir aos seus heróis favoritos, como Flash Gordon, Gene Autry e Roy Rogers na tela prateada. Enquanto o jovem imitava os heróis em suas aventuras cheias de emoção, talvez imaginasse como se sentiria se fosse uma estrela de cinema...

Um dia antes de Elvis comemorar seu aniversário de 11 anos, um pequeno tornado varreu Tupelo. A área pode passar por extremos climáticos, de verões incrivelmente quentes e úmidos a invernos com tempestades de gelo danosas. Tornados são um perigo ocasional da região.

O HOMEM DO VIOLÃO

Pelo seu aniversário, como presente de seus pais, ele escolheu um violão acústico. A Tupelo Hard Store, na Main Street, onde o violão foi comprado do sr. Forrest L. Bobo, é famosa até hoje e visitada por milhares de fãs. Os proprietários se orgulham de sua ligação com Elvis.

É fácil imaginar um Elvis jovem e louro à toa na varanda de sua casa tentando aprender a tocar violão. Sonhando, imaginando, mas jamais, em seus sonhos mais loucos, sabendo aonde sua paixão pela música o levaria. Quais melodias ele praticou e talvez cantou? Elvis foi orientado pelo jovem pastor da igreja, Frank Smith, e pelo seu tio, Johnny Smith, irmão de Gladys. Frank Smith levava Elvis e outros alunos para a Tupelo Courthouse de cúpula verde nas tardes de sábado, onde WELO Jamboree, um programa de radioamador, era transmitido. Foi lá que Elvis conheceu e foi incentivado por um cantor popular que se autodenominava "Mississipi Slim".

Em 1946, começou a Milam Junior High School, em Tupelo, entrando na sexta série. Há uma foto dessa turma em que ele parece muito deslocado, o único aluno vestindo macacão. Muitos anos depois, em um show em Las Vegas, em 11 de dezembro de 1976, uma mulher entregou a Elvis um macacão de jeans azul. "Querida", falou ele com uma voz de falso nojo, "deixei isso no Mississipi 200 anos atrás", acrescentando que vinha tentando evitar usar macacões toda a sua vida. "Querida, eu não posso vesti-lo. Você deve estar brincando comigo".

A música – todas, desde as canções country que ele ouvia nas transmissões de rádio do Grand Ole Opry até os hinos da igreja – continuou a entusiasmar Elvis. No sétimo ano, em Milam, levava seu violão para a escola diariamente, dedilhando na hora do almoço e nos intervalos,

À direita: Do lado de fora de Lauderdale Courts, Memphis, com uma arma de brinquedo, em 1950.

ainda que sem conseguir impressionar muito seus colegas de turma. Quando estava no oitavo ano, que começou em setembro de 1948, os valentões da escola cortaram as cordas de seu violão; porém, os colegas se reuniram e arrecadaram o suficiente para lhe comprar novas cordas.

As poucas fotos que existem de Elvis durante o tempo em que morou em Tupelo dão uma noção pequeníssima da aparência devastadoramente bonita, que causaria profunda impressão em milhões de fãs do sexo feminino depois que ele se tornasse um fenômeno mundial.

Os tempos difíceis se seguiam em Tupelo. Enquanto Gladys trabalhava como costureira, Vernon tentava vários empregos e, diversas vezes, morou temporariamente em outros locais, onde havia trabalho. Certa vez, em maio de 1943, toda a família se mudou para Mississippi Gulf Coast, onde Vernon havia encontrado trabalho em um

Elvis Presley sempre se manteve realista, simpático e acessível

estaleiro. Depois de apenas algumas semanas, voltaram para Tupelo com saudades de casa. O velho Presley contraía dívidas e pedia dinheiro emprestado. Finalmente, no início de novembro de 1948, a pequena família embalou seus poucos pertences – incluindo o amado violão de Elvis – em um carro Plymouth 1939, seguindo para o noroeste em direção a Memphis pela Highway 78, estrada de duas pistas, de altos e baixos no asfalto, que um dia teria o nome "The Elvis Aaron Presley Memorial Highway". Sobre a mudança para o Tennessee

Acima: Elvis com 13 anos. (Tupelo Photographic Studio)

e o futuro incerto, Gladys Presley diz em uma gravação: "As coisas começaram a melhorar".

Hoje em dia, uma rodovia rápida, moderna, com várias pistas, liga a próspera Tupelo à expansão urbana de Memphis e, durante as renovações da terra natal, em 2003, um carro semelhante ao Plymouth 39 de Presley foi localizado na Pensilvânia, levado para Tupelo, restaurado e colocado em exposição perto da pequena casa branca da família.

Se você realmente quiser rastrear as raízes de Elvis, então Tupelo é aonde você tem de ir. Ela cresceu e prosperou desde quando um rapaz de cabelo louro-escuro sentou nos degraus da casa de sua família, dedilhou sobre as cordas de seu violão e sonhou com o que poderia se tornar.

Se você tiver a oportunidade de viajar para o sul interiorano dos Estados Unidos, não deixe de passar algum tempo em Tupelo, conversar com as pessoas locais, e você encontrará uma comunidade carinhosa e temente a Deus. Só então vai entender por que Elvis Presley sempre se manteve realista, simpático e acessível, apesar de toda a sua riqueza, fama e estrelato.

CAPÍTULO 2

"EU SOU APENAS UM GAROTO INTERIORANO, SOLITÁRIO E MELANCÓLICO"

A grande e movimentada cidade de Memphis, localizada no canto sudoeste do Tennessee, apenas alguns quilômetros ao norte da divisa do Estado do Mississippi, com o extenso e caudaloso rio Mississipi a oeste, fazendo fronteira com o Arkansas, deve ter parecido, ao mesmo tempo, emocionante e assustadora para o tímido menino interiorano de 13 anos de idade vindo de Tupelo.

Depois que a família encontrou um lugar provisório para ficar – uma pensão na Washington Street –, Elvis teve de enfrentar seu primeiro dia no oitavo ano na LC Humes High School. Vernon levou seu filho até lá, porém o adolescente se recusava a andar diante da visão de um edifício tão grande e imponente e de centenas de rostos desconhecidos. Pouco depois, estava de volta em casa. Ele fez isso por um ou dois dias, e a vida escolar foi, aos poucos, assimilada. Há um mito de que Gladys levava seu filho para a escola diariamente, mas, em vez disso, parece que ela o seguia a distância para ver se ele chegava lá em segurança.

Por volta de junho de 1949, a família se mudou para outra pensão na Poplar Avenue (que ainda estava de pé nos anos 1980, com uma aparência de filme hitchcockiano) e Vernon conseguiu um emprego em uma fábrica de enlatados na United Paint. Seu salário de cerca de 40 dólares

À direita: Elvis com 10 anos de idade na Tupelo Fair, em 1945.

o adolescente Elvis estava começando a gastar mais tempo e a ter mais problemas com sua aparência

18

por semana significava que os Presley estavam qualificados para a habitação pública, e, em setembro, se mudaram para o complexo Lauderdale Courts. Nessa época, começaram a frequentar uma igreja recém-construída na 7th Street, pastoreada pelo reverendo Rex Dyson. Elvis também participou da escola dominical de lá, onde foi ensinado por Marion Carson. O sr. Dyson, que viveu mais de 100 anos, lembrava de ter batizado Gladys, Vernon e Elvis por volta de 1950.

Aos 17 anos, Elvis havia se tornado um rapaz irresistivelmente bonito e seu interesse pela música se intensificou. Ele se deleitava com a música que ouvia na igreja. Ouvia tanto gospel como country no rádio. Ouvia também a música voltada ao blues dos artistas negros de R&B das rádios locais. Andava com outros adolescentes mais velhos no Lauderdale Courts que tocavam música e aprendia com eles.

Memphis era o lugar perfeito para alguém com o vivo interesse de Elvis pela música; afinal, era a casa da histórica Beale Street, com seus bares e clubes onde o blues era cantado todas as noites. Beale Street era um ímã para Elvis.

No décimo ano, na Humes, em 1950, Elvis alistou-se no Reserve Officers' Training Corps (ROTC) [Corporação de Treinamento de Oficiais de Reserva] e foi fotografado com outros alunos, todos orgulhosamente uniformizados. Na turma, tirou "A" em Inglês. No fim do ano, arrumou um trabalho como recepcionista no Loew's State Theatre, na South Main Street, adorando a oportunidade de ver todos os filmes que lá passavam. Em meados de 1951, Elvis conseguiu um emprego de verão na Precision Tool, onde Vernon tinha trabalhado anteriormente, e, durante o ano, fez seu teste de direção.

O adolescente Elvis estava começando a gastar mais tempo e a ter mais problemas com sua aparência, deixando o cabelo crescer mais do que o normal – era a época de corte de cabelo militar – e penteando-o com vaselina. Ele tentou deixar crescer as costeletas e penteava seus cabelos com um topete. Tornou-se freguês da loja de roupas masculinas Lansky Brothers, em Beale Street, e disse a Bernard e

Foi realmente maravilhoso como eu me tornei popular

Guy que não se importava em alugar roupas, mas que, "quando tiver algum dinheiro, entrarei e comprarei tudo". Ele cumpriu essa promessa, adquirindo muitas das roupas de lá depois da fama e, dessa forma, ajudou a tornar a loja famosa. Um mestre em vendas, Bernard Lansky dava as boas-vindas aos muitos fãs que visitavam sua loja anos depois. Ele continuou a explorar sua ligação com Elvis quando se mudou para o Hotel Peabody, em meados da década de 1990, produzindo até uma linha especial de roupas inspiradas em Presley para o 25º aniversário de sua morte, em 2002.

À esquerda: Elvis na casa de June Juanico's Biloxi, verão de 1956.

Além dos clubes de Beale Street, Elvis podia ouvir blues e R&B sintonizando estações de rádio locais. Tarde da noite, havia Dewey Phillips – que desempenharia mais tarde um papel fundamental na ascensão de Elvis à fama – estourando discos de nomes como Elmore James e Muddy Waters. Na WDIA, uma estação inteiramente negra, o cantor de blues local B. B. King tocava os discos.

Outro locutor que teria um papel fundamental no início da sua fama foi Bob Neal. Na WMPS, ele tocaria música country ou gospel do Blackwood Brothers Quartet, estabelecidos em Memphis na época. Essas e outras estações de rádio davam aos ouvintes um leque diversificado de música, e Elvis ouvia tudo.

No entanto, não levava seu violão para a escola, como fazia em Tupelo, e mantinha suas aspirações musicais mais para si mesmo, tocando apenas em Lauderdale Courts com seus amigos próximos.

Ele continuou a trabalhar depois da escola para completar o orçamento da família, mas sua jornada das 15 às 23 horas, na Marl Metal Products, em setembro de 1952, fazia com que adormecesse na aula, por isso, teve de se demitir. Gladys trabalhava no St Joseph's Hospital e Vernon, na United Paint, e seus salários juntos não lhes davam mais a condição de morar em Lauderdale Courts. Dessa forma, em 7 de janeiro de 1953, um dia antes do aniversário de 18 anos de Elvis, mudaram-se para Saffarans Street, perto de Humes, onde moraram por algumas semanas, e, em seguida, para a Alabama, nº 462, não muito longe de Lauderdale.

PRIMEIRA APRESENTAÇÃO

Um evento importante ocorreu em 9 de abril: o show de calouros da Humes High School, do qual Elvis participou. Ele era o número 16 em um programa que incluía cantores, bandas, um dançarino de sapateado, um acrobata e diversos solos instrumentais. Foi listado como violonista e seu nome estava escrito incorretamente como Elvis *Prestly*. O dia do show chegou – uma quinta-feira – e como ele se lembrava: "Eu não era popular na escola. Não namorava ninguém (...) e me inscreveram nesse show de talentos, e eu fui e cantei o meu primeiro número, 'Cold, Cold Icy Fingers'". A *performance* de Elvis foi a que ganhou mais aplausos e Mildred Scrinener, sua professora particular e quem o inscreveu no show, disse-lhe para voltar e cantar outra música. "Assim fiz. Cantei 'Til I Waltz With You Again' (um sucesso de Teresa Brewer). Eu ouvi um estrondo alto. Devem ter sido aplausos." "*Eles realmente gostaram de mim, não gostaram, senhorita Scrivener?*" foi a sua resposta de surpresa. "Foi realmente maravilhoso como eu me tornei popular depois disso", acrescentou. Deve ter surpreendido muitos dos seus colegas de turma, que não sabiam que ele era capaz de cantar.

Mildred Scrivener lembrou que, após sua primeira aparição "ao vivo", ele passou a levar seu violão por toda parte e, em um piquenique da escola em Overton Park, atraiu um público ao tocar violão e cantar baladas melancólicas. Começou a namorar Regis Vaughn e, antes do fim do ano letivo, levou-a ao baile de formatura, realizado no salão do Peabody Hotel. Eles também ouviam canções a noite toda no Ellis Auditorium. O South Hall, no Ellis Auditorium, foi o local de uma cerimônia em 3 de junho, quando Elvis recebeu seu diploma do ensino médio, orgulhosamente assistido por seus pais. O diploma foi logo emoldurado e exibido na casa deles. Uma profecia no Humes Yearbook de 1953 relacionava Elvis como um dos muitos "caipiras cantores da estrada". Quem eram eles para saber...

Antes disso, ele precisava trabalhar. Foi até o Memphis Employment Office na manhã seguinte à sua formatura e conseguiu um emprego temporário como maquinista na M. B. Parker Company. No fim do ano, retornou à Precision Tool.

Em algum momento daquele verão, talvez inspirado por seu sucesso na apresentação escolar, Elvis foi ao Memphis Recording Service para testar sua voz em uma gravação particular. As coisas estavam acontecendo na Union Avenue, nº 706, onde Sam Philips havia criado a Sun Records no ano anterior, da qual a Memphis Recording Service (fundada em 1950) era uma filial. Um dos grandes visionários da música, Sam se envolvia na gravação de artistas negros de blues, e alguns dos primeiros lançamentos da Sun incluíam "Tiger Man", de Rufus Thomas, e "Feelin' Good", de Little

Eu cantei tudo que sabia – pop, canções religiosas, tudo de que lembrava

Junior's Flames. Sam já havia gravado B. B. King, Rosco Gordon e Howlin' Wolf na Memphis Recording Service e vendeu seus mestres para as gravadoras sacramentadas. Depois que "Rocket 88" se tornou um grande sucesso de Jackie Brenston, em 1951, Sam decidiu iniciar a Sun Records, e Elvis ouviria Dewey Philips no delírio da WHBQ sobre as últimas gravações da Sun.

Custava US$ 8,25 para gravar um compacto duplo, e foi exatamente isso o que Elvis fez em 15 de julho de 1953, dizendo à recepcionista Marian Keisker, que lhe perguntou quem ele imitava: "Eu não imito ninguém". Escolheu duas baladas, "My Happiness" e "That's When Your Headaches Begin", para gravar, acompanhando-se ao violão. Ele se aventurou porque queria surpreender sua mãe com o disco; porém, parece plausível que tivesse esperanças de chamar a atenção de Sam Philips. Alguns relatos dizem que Sam estava no estúdio naquele sábado quente de Memphis; outros que apenas Marian estava lá e que foi ela quem descobriu algo especial, algo extraordinário na voz de Elvis, e que tomou nota para informar a Sam e gravar uma fita para mostrar ao seu chefe.

É fácil imaginar Elvis correndo para casa com seu precioso compacto, aguardando a reação de Gladys. Ela ficaria, sem dúvida, emocionada e orgulhosa.

Poucos meses depois, em janeiro de 1954, Elvis voltou à Union Avenue, nº 706, para gravar seu segundo compacto. Sam Philips estava lá, porém não demonstrou nenhuma reação especial às baladas country de Elvis: "I'll Never Stand In Your Way" e "I Wouldn't Be The Same Without You". Mais uma vez, ele pegou o disco e levou-o para casa. Elvis continuou a aparecer na Sun Studio durante os meses seguintes, lembrou Marian.

CAMINHONEIRO

Nessa época, Elvis começou a namorar Dixie Locke, levava-a ao cinema, aos cantos gospel no Ellis Auditorium todas as noites, ao Riverside e ao Overton Parks e a seus lugares favoritos pela cidade. Em maio, foram ao Memphis Cotton Carnival, que acontecia todo ano. Elvis tinha começado a frequentar a Primeira Igreja da Assembleia de Deus, cuja escola dominical Dixie frequentava e onde o Blackwood Brothers Quartet cantava. Às vezes, porém, eles escapavam para a igreja negra vizinha, onde o reverendo Herbert Brewster se inflamava com sua pregação. Naquela primavera, Elvis fez um teste, sem sucesso, para The Songfellows, uma versão júnior do The Blackwoods. Muitos anos depois, brincou no palco em Las Vegas que foi rejeitado porque não conseguia ficar parado! Novamente, mudou de emprego, indo para a Crown Electric, onde dirigia um caminhão de entrega e queria ser eletricista. Seus patrões eram os Tiplers. Em um show em Las Vegas em 1970, Elvis explicou: "Antes de cantar, eu dirigia um caminhão e trabalhava para uma empresa de energia elétrica. Eu carregava equipamentos elétricos". E ele apresentou Gladys e James Tipler, que estavam na plateia, acrescentando: "Obrigado pelo trabalho, também!". No ano anterior, ele gracejou com uma plateia de Las Vegas: "Eu tinha acabado de sair da escola, estudava para ser eletricista e estava no caminho errado!".

Era sábado, 26 de junho, e Memphis sofria com o calor de um dia de verão. Elvis recebeu, finalmente, um telefonema da Sun Studio. Marian Keisker perguntou se ele poderia estar lá, por volta das 15 horas, recordou ele mais tarde. "Eu cheguei lá quando ela desligou o telefone", costumava dizer às pessoas. Com o violão na mão, é claro! Ele tinha sido chamado por Sam Philips para testar uma nova balada chamada "Without You". Entretanto, Sam não conseguiu arrancar uma versão bem-sucedida do jovem de costeletas; assim, pediu-lhe que cantasse o que quisesse. Elvis disse a um jornalista alguns anos depois: "Eu devo ter ficado lá, pelo menos, umas 3 horas. Cantei tudo que sabia – pop, canções religiosas, tudo que lembrava".

E Sam ouviu atentamente, e escutou um *je ne sais quoi* na voz de Elvis que o fez pensar que valeria a pena persistir no jovem cantor. Depois que Elvis deixou o estúdio, Sam entrou em contato com o violonista Scotty Moore. Moore telefonou para Elvis em 3 de julho e marcou um ensaio. No dia seguinte, Elvis foi à casa de Scotty e passou seu repertório, como tinha feito com Sam. O violinista não ficou muito impressionado nem o outro músico, Bill Black, que tocava baixo na banda de Scotty, a Starlight Wranglers. Depois que Elvis saiu, Scotty telefonou para Sam e ambos decidiram que deveriam fazer um teste com Elvis no estúdio.

À direita: Elvis e Scotty Moore, em 1955.

Era segunda-feira, 5 de julho, e, lá na Union Avenue, nº 706, quando a jornada de trabalho estava encerrada e a temperatura começou a cair um pouco, Scotty Moore, Bill Black e Elvis Presley reuniram-se sob o olhar atento de Sam; nenhum deles sabia que, antes de a noite acabar, aconteceria algo que mudaria suas vidas – e, a bem da verdade, reformularia a visão e o som da música popular – para sempre.

CAPÍTULO 3

"THAT'S ALL RIGHT" – TUDO CERTO!

Tudo começou de um jeito bastante normal; Elvis ainda testava sua voz em algumas baladas. Ele tentou "Harbour Lights" e "I Love You Because" (completa, com introdução de assobio e declamação). Sam gravou essas músicas, apesar de não haver nenhuma energia especial nelas, apenas a voz jovem de Elvis, doce e cheia de desejo.

"That's All Right", o absoluto momento fundamental de mudança mundial da música

Eles fizeram uma pausa, relaxaram e começaram a brincar e, por fim, acertaram em cheio em uma música chamada "That's All Right", um sucesso de Arthur "Big Boy" Crudup pela RCA. Eles estavam se divertindo, tocando, improvisando. Na cabine de controle, Sam ficou subitamente alerta, ao ouvir atentamente a música improvisada. Ele pediu que voltassem e cantassem a música novamente. Algo instintivamente lhe dizia que talvez esse pudesse ser o som indescritível que vinha procurando.

O que Sam ouviu e gravou era um tipo completamente novo de música, rhythm and blues com um toque de country. O violão e o baixo firmavam a voz clara, despojada e, sobretudo, segura de Elvis. "That's All Right" – Tudo bem, realmente; que título profético!

A faixa ficou notável; além da fusão do blues com o country, foi totalmente espontânea. Foi puro talento musical, na sua melhor improvisação. O que a tornou ainda mais extraordinária foi que Elvis mal conhecia Scotty e Bill. Não era como se tivessem ensaiado e lapidado a música até a perfeição. Foi um daqueles acontecimentos felizes em que tudo estava no lugar certo, na hora certa. Sam Philips, que muitas vezes dizia estar à procura de um homem

À esquerda: Sam Philips na Sun Records.
À direita: Elvis apresentando-se no Russwood Stadium, Memphis, em 4 de julho de 1956.

branco com alma negra, tinha acabado de encontrá-lo em Elvis Presley.

Não admira que, em outubro de 2003, os leitores da revista *Mojo* elegeram a primeira sessão da Sun, que tinha produzido "That's All Right", como o Momento Número Um do Rock – o momento fundamental e absoluto da mudança mundial da música. Tocar "That's All Right" hoje ainda soa tão nova como no dia em que foi gravada.

Os músicos voltaram à Sun, provavelmente nas noites seguintes, para gravar um lado B e, mais uma vez, conseguiram um som original. Enquanto "That's All Right" era blues com um toque de country, "Blue Moon Of Kentucky" era country com nuanças de blues, e Elvis colocou mais energia nessa faixa.

Assim, Sam teve seu menino branco de alma negra e não perdeu tempo em fazer o disco ser tocado nas estações de rádio locais. Na primeira ocasião, levou o disco até a WHBQ, onde um entusiasmado Dewey Philips tocou-o um ou dois dias depois. Os pais de Elvis estavam sintonizados. O jovem e tímido cantor tinha começado a fazer sucesso. Os ouvintes de Dewey gostaram do que ouviram e ligavam para pedir que tocasse a música de novo. Dewey entrou em contato com os Presley, que foram rápido ao teatro Suzore nº 2, localizaram Elvis e mandaram-no, tremendo e apavorado, para o estúdio WHBQ, no Chisca Hotel. Sem saber, ele deu sua primeira entrevista, Dewey não tinha lhe dito que estava ao vivo no ar! Em resposta à pergunta do locutor sobre qual escola tinha frequentado, Elvis mencionou Humes e, só então, os ouvintes perceberam que ele era branco.

Apenas sete dias após "That's All Right" ter sido gravada, Elvis consentiu que Scotty Moore fosse seu empresário e, depois, em julho, foi contratado pela Sun Records. Ele fez vários shows com Scotty e Bill no Memphis Bon Air Club antes de ser acrescentado à lista de um grande show de música country no

Abaixo: The Hillbilly Cat com Scotty Moore e Bill Black. (EPFC)

"THAT'S ALL RIGHT" – TUDO CERTO!

Acima: Primeiro artista da Sun Records, Elvis Presley, com Sam Phillips e um dos primeiros empresários, Bob Neal. (Sun Records)

Overton Park Shell, em 30 de julho. Milhares de pessoas se reuniam no anfiteatro ao ar livre para assistir à popular e elegante "Rose Marie" Whitman e outros artistas de Louisiana Hayride. Antes do show, em 27 de julho, Elvis tinha concedido sua primeira entrevista coletiva à imprensa, ao *Memphis Press-Scimitar*. Um anúncio no jornal tinha escrito o seu nome incorretamente como *Ellis* Presley.

"O QUE EU FIZ?"

Quando chegou a hora de Elvis cantar suas duas canções – as de seu primeiro lançamento, o Sun 209 – conta a lenda que foi o nervosismo que fez com que a perna balançasse do modo que excitava as meninas na plateia. Como explicou Elvis no filme de 1972, *Elvis On Tour*, "A primeira vez que me apresentei em um palco, morri de medo! Eu realmente não sabia o que era aquela gritaria. Não percebi que meu corpo se mexia. Era uma coisa natural para mim. Então, eu disse para o assistente de bastidores, 'O que eu fiz? O que eu fiz?'. Ele disse: 'Bem, fosse o que fosse, volte e faça de novo!'". Eles fizeram o bis com "Blue Moon Kentucky".

"That's All Right" vendeu bem depois do seu lançamento, em meados de julho, e várias sessões ocorreram na Sun. Em 19 de agosto, uma sessão produziu apenas uma faixa, a impressionante "Blue Moon", com seus vocais de blues cheios de eco. Uma sessão em setembro produziu o *single* seguinte, "Good Rockin' Tonight", acompanhado pela versão inigualável de "I Don't

Care If The Sun Don't Shine". Sun 210 não fez tanto sucesso quanto o primeiro lançamento.

Elvis retornou ao estúdio mais tarde, em 1954 – Sam nunca manteve registros apropriados –, e as duas faixas gravadas conceberam o terceiro lançamento. Sun 215, lançado logo após o Natal, incluía a frenética "Milkcow Blues Boogie" e a suave canção country "You're A Heartbreaker". Outras sessões, provavelmente em fevereiro e março de 1955, produziram o Sun 217, o lançamento de abril da animada e soluçante "Baby Let's Play House" com o country "I'm Left, You're Right, She's Gone".

Ficava cada vez mais difícil para os outros artistas acompanhar Elvis no palco

À direita: Elvis em Nova York, em 1º de julho de 1956.

Pouco mais de um ano depois da primeira sessão na Sun, Elvis estava de volta à Union Avenue, nº 706, para gravar os dois lados que constituiriam seu último *single* na Sun. Um lado do Sun 223, lançado em agosto, foi "I Forgot To Remember To Forget", destinado a atingir o topo das paradas de Country & Western da *Billboard* em fevereiro do ano seguinte. O outro lado era o sublime "Mystery Train", que muitos críticos citam como a melhor faixa que Elvis gravou na Sun. Nessa sessão de julho, ele também gravou "Tryin' To Get You", com sua voz arrojada complementada pelo solo de violão excepcional de Scotty. Essa faixa, além de várias outras gravadas na Sun, nunca foi lançada por Sam. Houve uma última sessão em novembro, quando "When It Rains It Really Pours" foi gravada.

As faixas de Elvis na Sun são agora reconhecidas como marcos pioneiros na história da música popular. Elas certamente estão entre as melhores canções que ele já gravou, joias eternas que mantêm a vitalidade ano após ano; o ritmo para cima das faixas irradiam ainda uma sensação de *joie de vivre,* muito raramente encontrada na música feita para exploração comercial.

Após o show em Overton Park, Elvis, Scotty e Bill (que não abandonariam seus empregos até meados de outubro) tocaram muitas vezes em Memphis, tornando-se assíduos no Eagle's Nest Club na maioria das noites de sexta e sábado. Um enorme grupo de adolescentes assistiu a Elvis apresentar-se em um caminhão na abertura de uma nova Katz Drugstore, em setembro.

Em 2 de outubro, Elvis e a banda viajaram para Nashville, onde Sam tinha preparado uma apresentação de Elvis no Grand Ole Opry. Sua versão espirituosa de "Blue Moon Kentucky" na frente de uma plateia que reverenciava o seu autor, Bill Monroe, recebeu apenas aplausos educados e reza a lenda que o empresário lhe disse para voltar a dirigir caminhão.

Duas semanas depois, em 16 de outubro, um sábado, Elvis se dirigiu ao sul, para Shreveport, a fim de cantar no programa *Louisiana Hayride* da rádio KWKH, onde seu estilo ímpar foi recebido calorosamente pelos ouvintes. Antes de seu primeiro número, foi entrevistado pelo apresentador Frank Page, que disse que ele tinha um estilo novo e inconfundível. Existe uma gravação da introdução e das duas músicas de Elvis (os dois lados do primeiro lançamento). Elvis diz: "É uma verdadeira honra para nós nos apresentarmos no *Louisiana Hayride*" e, quando indagado sobre seu estilo, responde: "Bem, senhor, para ser sincero com você, acabamos de encontrá-lo por acaso". Elvis foi um sucesso com a audiência de *Hayride* e, três semanas depois, recebeu um contrato para fazer apresentações regulares no programa. Ele

fez até um comercial, "você pode pegá-los bem quentes depois das quatro da tarde", cantava ele, "Southern Maid Donuts acerta o alvo". Até agora, nenhuma gravação disso veio à tona.

Elvis e sua banda começaram a fazer shows em outros lugares, viajando para o Arkansas e o Texas para apresentações country. Em 29 de dezembro, o *Memphis Press-Scimitar* noticiou que, a partir de 1º de janeiro, seu novo empresário seria Bob Neal, o locutor da rádio WMPS. Neal se manteve ocupado agendando datas da turnê de seu jovem protegido.

SINAIS DO QUE ESTÁ POR VIR

Embora a fama de Elvis estivesse se espalhando entre os adolescentes, seu nome ainda causava problemas. Ele foi anunciado como *Alvis* Presley em uma propaganda do show no Texas, em 5 de janeiro de 1955. Nessa apresentação, em San Angelo, ele faturou alto e centenas de mulheres tomaram o palco de surpresa. Era um sinal do que estava por vir. Elvis já tinha apelidos, entre eles "The Hillbilly Cat" [O Gato Caipira] e "The Memphis Flash" [O Lampejo de Memphis]. Como trio, Elvis, Scotty e Bill eram conhecidos como "The Blue Moon Boys" [Os Garotos da Lua Azul].

A maior parte de 1955 foi passada em turnê, percorrendo centenas de quilômetros entre shows por todo o Texas e pela maioria dos Estados sulistas dos Estados Unidos. Os locais dos eventos incluíam muitos ginásios esportivos de escolas, boates, teatros, auditórios, clubes militares e clubes da American Legion, qualquer lugar onde as pessoas se reunissem para assistir a uma apresentação de música country. Muitos dos lugares eram cidades pequenas com nomes como Marianna, Big Creek, Longview, Helena e Breckenridge, embora as turnês também chegassem a cidades maiores como Lubbock (onde a futura lenda Buddy Holly conheceu Elvis), New Orleans, Mobile e Dallas. Às vezes, Elvis faturava alto; outras, ficava abaixo de nomes mais sacramentados como Faron Young, Ferlin Huskey e Hank Snow. Quando Elvis tocou no Ellis Auditorium de Memphis, em 6 de fevereiro, faturou abaixo de Young e Huskey. Foi nesse dia que o empresário de música country, "coronel" Tom Parker, que vinha observando Elvis por um tempo, reuniu-se pela primeira vez com um (desconfiado) Sam Philips para discutir o futuro do cantor. Parker conseguiu reservas para Elvis, ficando na eminência de – para o bem ou para o mal – assumir o controle total da carreira de Elvis.

Críticas da imprensa de shows comentavam às vezes o figurino extravagante de Elvis, descrevendo meias cor-de-rosa, um terno cor-de-ferrugem, uma gravata de cor púrpura com manchas pretas em uma ocasião, e uma calça rosa e gravata com um paletó preto em outra.

Ficava cada vez mais difícil para os outros artistas acompanhar Elvis no palco. Seu encanto entre as meninas crescia a cada apresentação, causando também ciúmes entre os namorados. Mais e mais Elvis faturava, mesmo que seu nome continuasse a ser escrito incorretamente em propagandas. Ele foi anunciado como Elvis "Pressley" em um show no Eagle's Hall, em Houston, em 19 de março. Algumas gravações ao vivo, a partir dessa data, mostram Elvis ao natural, no balanço de "Baby Let's Play House" e várias outras músicas, e durante o ano um punhado de outras gravações ao vivo foram feitas, inclusive alguns em Hayride, em agosto. (É possível que mais gravações como essas sejam encontradas e lançadas no futuro.) Todas as faixas lançadas têm um som natural e dão aos ouvintes uma boa ideia de como Elvis lidava com suas primeiras apresentações ao vivo.

Em 23 de março, os Blue Moon Boys e Bob Neal viajaram até Nova York para se apresentar em um show de talentos na TV. No entanto, Elvis não impressionou Arthur Godfrey Talent Scouts, por isso, teve de voltar ao circuito das escolas de ensino médio. A viagem a Nova York foi provavelmente seu primeiro voo.

Em meados de abril, Elvis liderou a lista do "Big D" Jamboree de Dallas, um programa de sábado transmitido ao vivo pela rádio local. Ainda em abril, 5 mil pessoas o viram cantar em uma transmissão ao ar livre (conhecida como "remota") da Louisiana Hayride, em Waco, no Texas, e foi um enorme sucesso de público. Em maio, ele cumpriu a agenda na Flórida. Em Orlando, conta a história que o público não quis assistir Hank Snow e deixou o auditório quando soube que Elvis estava do lado de fora para dar autógrafos! Dois dias depois, em Jacksonville, a resposta enérgica de uma multidão de 14 mil pessoas ao comentário de Elvis, "Meninas, verei todas vocês nos bastidores", provocou uma balbúrdia, com muitas fãs o perseguindo até seu camarim e arrancando suas roupas. O terno rosa acabou rasgado! A essa altura, o coronel Parker sabia com certeza que Elvis tinha o potencial para ser uma grande estrela. Por outro lado, quando a turnê chegou a Meridian, no Mississippi, para o Jimmie Rodgers Festival, em 26 de maio, Elvis

Se você não tiver o apoio das pessoas, o incentivo delas, bem, você pode também desistir

participou de um desfile de rua, sentado sobre o capô de um Cadillac, e uma foto disso mostra a multidão indiferente a ele.

Toda a turnê significava que Elvis pouco ia para casa ou via seus pais e, embora ligasse frequentemente para sua mãe, Gladys se preocupava com ele. A família tinha se mudado na primavera de 1955 para Lamar, nº 2.414, e, mais tarde, naquele mesmo ano, para Getwell, nº 2.414.

Elvis também precisava de um carro novo depois que seu Cadillac 54 rosa deu perda total enquanto ia para Texarkana, em 5 de julho. No disco de vinil de 1956, *The Truth About Me,* ele lembrou: "O primeiro carro que comprei foi o carro mais bonito que já vi na minha vida. Era de segunda mão, mas o estacionei fora do meu hotel no dia que o peguei e fiquei acordado a noite toda apenas o admirando. E, no dia seguinte", concluiu, triste, "ele pegou fogo e ficou destruído na estrada". O carro foi substituído por um que ele tinha comprado havia pouco tempo para seus pais e, algumas semanas depois, por um novo Cadillac cor-de-rosa.

O INÍCIO

Provavelmente, a primeira vitória de Elvis nas pesquisas de opinião veio no início de julho, quando foi eleito o cantor revelação número um pelos locutores das rádios de música country. Ele fez sua estreia no mercado nacional (em oposição ao local) das paradas de

À esquerda: Elvis, o Hillbilly Cat, em 1955.

sucesso quando, em 16 de julho, "'Baby Let's Play House" ficou posicionada em 15º lugar na lista de C&W da *Cashbox*. Embora Bob Neal ainda fosse seu empresário, a partir de 24 de julho, o coronel Parker, que pairava nos bastidores, tentando fazer acordos e induzir Elvis a sair da Sun, representaria exclusivamente o jovem astro e procuraria por oportunidades de promoção.

Um retorno a Jackson Ville, na Flórida, em 28 de julho, assistiu a outra multidão desenfreada e Elvis concedeu uma entrevista a Mae Boren Axton. Entre outras coisas, ele disse a Mae: "Eu nunca me dei um nome, mas muitos locutores me chamam de 'Boppin' Hillbilly'". Ele disse que seus discos faziam mais sucesso no oeste do Texas e, ao ser perguntado sobre os fãs na Flórida, revelou que não era muito conhecido por lá, concluindo expressivamente que estava em uma companhia pequena e que *"meus discos não tem a distribuição que deveriam ter"*. Ele falou com carinho de Scotty e Bill: "Eu realmente tenho sorte de ter esses dois meninos, porque eles são muito bons. Cada um tem estilo próprio".

Ao fim da entrevista, ele agradeceu a Mae por promover seus discos: "Você realmente fez um trabalho maravilhoso e eu realmente fico grato por isso, porque se você não tiver o apoio das pessoas, o incentivo delas, bem, você pode também desistir". Mae Axton entraria em cena novamente em alguns meses.

Até então, Elvis nunca havia tido um baterista oficial em sua banda. O baterista da Louisiana Hayride, que tocava vez por outra com os Blue Moon Boys, juntou-se a eles definitivamente no início de agosto e, uma semana depois, o coronel Parker tornou-se um "conselheiro especial" para Elvis.

O gosto de Elvis para roupas parecia estar ficando cada vez mais rebelde. Bob Luman, que fez um enorme sucesso com "Let's Think

Acima: Bill Haley com Elvis em Cleveland, Ohio, em 20 de outubro de 1955.

About Livin'", em 1960, assistiu a um show no Texas, em agosto de 1955, e descreveu um Elvis com calças vermelhas e uma jaqueta verde, com camisa e meias cor-de-rosa! Embora os shows e as turnês que Elvis fazia tivessem o tema country e apesar de outro de seus apelidos fosse "The King of Western Bop" [O Rei do Som do Oeste], o estilo de chapéu e camisa de franja não era para ele. Ele usava roupas extravagantes e isso ajudou a personalizar sua imagem e acentuou a diferença entre ele e outros artistas.

Em setembro, um novo contrato de um ano foi negociado por Bob Neal com a Hayride, aumentando consideravelmente o seu cachê, mas com uma cláusula de multa caso ele perdesse alguma apresentação agendada. Elvis estava no topo da lista da Hayride agora e a estrela da Sun em ascensão, Johnny Cash, tocava em muitas de suas apresentações. Bill Haley, que saltou para a fama com "Rock Around The Clock", juntou-se a Elvis em um show, em 16 de outubro, em Oklahoma. Mais tarde, naquele ano, Clark Perkins, outro artista novo da Sun, também excursionou com Elvis.

"THAT'S ALL RIGHT" – TUDO CERTO!

Cleveland, em Ohio, foi a primeira cidade no norte em que Elvis tocou. Ele se apresentou em uma festa caipira lá, em março, e retornou em outubro, no dia 20, quando foi filmado com Haley e Pat Boone no auditório da Brooklyn High School. O locutor local Bill Randle foi o tema do filme de 15 minutos, *A Day In The Life Of A Famous Disc Jockey* (mais conhecido como *The Pied Piper of Cleveland*). Apesar dos boatos ao longo dos anos, esse curta ainda permanece inédito. No mesmo dia, mais tarde, Elvis causou tumulto no St. Michael's Hall, em Cleveland, depois que quebrou as cordas de seu violão e, aparentemente, destruiu o instrumento.

O CORONEL ENTRA EM CENA

Enquanto tudo isso acontecia, o coronel estava cada vez mais perto de assumir o controle total sobre Elvis. Gladys e Vernon Presley assinaram um documento que dava a Parker carta branca para conseguir um novo contrato de gravação para ele. O coronel passou um telegrama para Sam Philips a respeito disso, mas deixou de informar Bob Neal.

Em 10 de novembro, Elvis foi para Nashville participar da quarta convenção anual de locutores de música country, dizendo às pessoas que assinaria com a RCA. Ele se encontrou com Mae Axton novamente, que tocou para ele uma fita com uma música escrita por ela em parceria com Tommy Durden chamada "Heartbreak Hotel".

Outra honraria veio para Elvis quando foi nomeado o artista de country & western mais promissor na votação anual de locutores da *Billboard*.

A cotação de Sam Philips para seu artista principal era de 35 mil dólares, uma quantia muito alta naquele tempo. Em 21 de novembro, dentro da Sun Studio, o negócio foi fechado, com Elvis e seus pais presentes, na companhia de Sam Philips, Bob Neal, o coronel e executivos da RCA; Elvis conseguiu um bônus de 5 mil dólares. O astro, agradecido, enviou um telegrama a Parker no dia seguinte, que dizia em um trecho: "Estou com você e não abro". Sam Philips sempre afirmou que não teve escolha a não ser deixar Elvis partir para que o jovem pudesse atingir todo o seu potencial e, desse jeito, Sam poderia empregar o dinheiro para desenvolver seus outros artistas. Desde o sucesso de Elvis, a Sun Records se tornou um ímã para muitos jovens esperançosos. A gestão do contrato de Elvis com Bob Neal tinha mais alguns meses de duração.

Elvis fez uma sessão de fotos em Nova York, em 1º de dezembro, para ajudar na publicidade, e a RCA relançou todos os seus *singles* da Sun ao longo do mês. O coronel não perdeu tempo em assegurar uma série de quatro apresentações na TV, no *Stage Show* da CBS, a 1.250 dólares cada. Um boletim interno da RCA promovia o novo contratado como "o mais dinâmico e procurado novo artista do país".

Elvis passou o Natal com seus pais em sua casa em Getwell e, na véspera do Ano-Novo, tocou no Louisiana Hayride. O Ano-Novo de 1956 prometia muito.

Páginas seguintes: Apresentação no Russwood Stadium, 4 de julho de 1956.

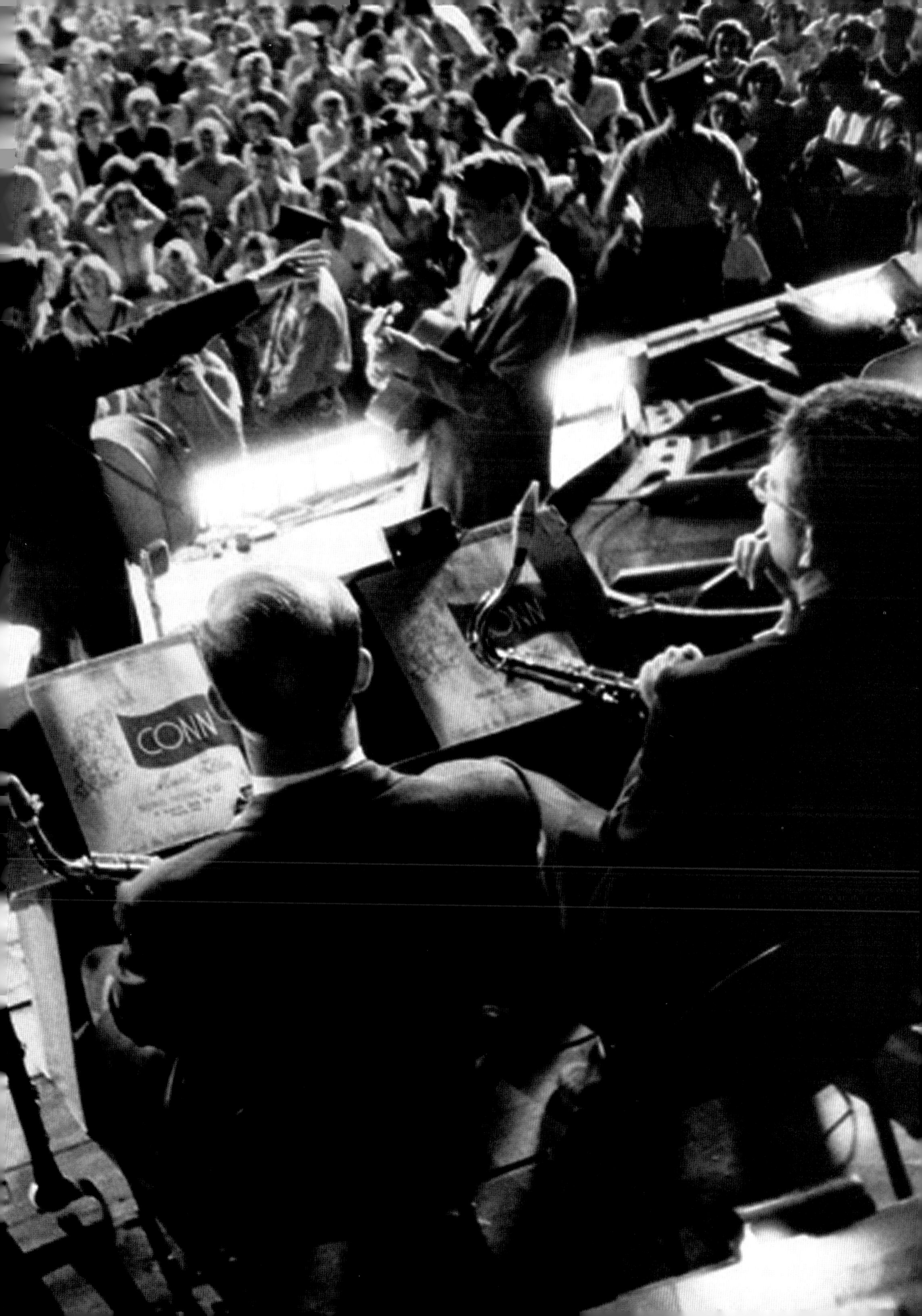
CONN
CONN

CAPÍTULO 4

SEXO VENDE ELVIS NOS ESTADOS UNIDOS – SUA MÚSICA O VENDE POR TODA A PARTE

Elvis comemorou seu 21º aniversário em casa, em Memphis, e, dois dias depois, viajou para Nashville para sua primeira sessão de gravação por seu novo selo. Muito se esperava dele, e Steve Sholes, da A&R, precisava justificar a grande quantia de dinheiro que a sua empresa tinha investido para contratar Elvis.

No estúdio da RCA, na McGavock, nº1525, Elvis foi acompanhado por Scotty, Bill e D. J. Fontana (que fazia sua primeira sessão com Elvis), além do habilidoso violonista Chet Arkins e do pianista Floyd Cramer, que tinha tocado com Elvis em alguns shows da turnê. Elvis iniciou com bastante energia com "I Got A Woman", de Ray Charles, uma música que ele cantava em muitos shows ao vivo.

O segundo momento mais importante na história da música pop após a sessão que produziu "That's All Right", pode ter sido quando Elvis gravou "Heartbreak Hotel", de Mae Axton, produzindo uma gravação que desafia descrições até hoje. É quase impossível classificar e é, provavelmente, mais próximo do blues do que de qualquer outro gênero. Ainda soa hoje em dia tão incomum como há quase meio século. E, ainda assim, Sholes não estava convencido de que esse era o sucesso pelo qual estavam procurando.

Uma sessão vespertina naquele dia, 10 de janeiro de 1956, deu origem a uma "Money Honey" à la R&B e, no dia seguinte, Elvis gravou duas baladas, "I'm Counting On You" e "I Was The One". Os vocais de apoio nessa sessão foram feitos por Gordon Stoker, do Jordanaires, e Ben e Brock Speer. "I Was The

À direita: Elvis na RCA Studios, Nova York, em 2 de julho de 1956.

> "Heartbreak Hotel" soa hoje em dia tão **incomum** como há quase meio **século**

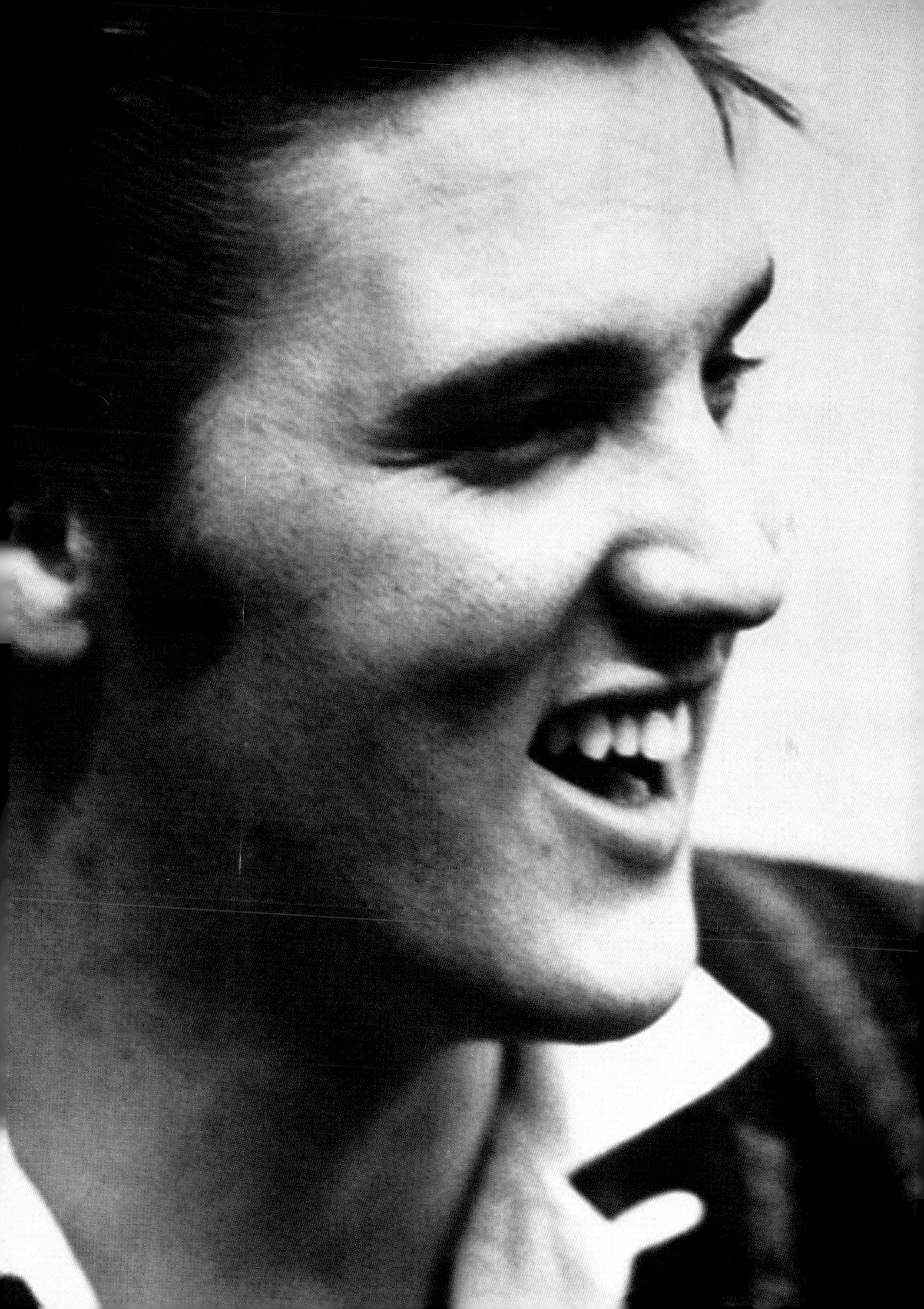

Acima: Elvis assina o contrato de seu filme com o produtor da Paramount Hal B. Wallis, em abril de 1956. (EPFC)

One" foi escolhida como o lado B do primeiro lançamento de Elvis.

Em 25 de janeiro, Elvis viajou para Nova York com o coronel Parker, hospedaram-se no Warwick Hotel e a banda chegou de carro dois dias depois. Foram realizados ensaios para a primeira apresentação deles do *Stage Show*. Na noite de 28 de janeiro, Elvis entrou ao vivo na frente das câmeras da CBS depois da apresentação de Bill Randle.

Com seu olhar escuro e a aparência de *bad boy*, Elvis tocou um *medley* de "Shake, Rattle & Roll" e "Flip, Flop & Fly". Os apresentadores Tommy e Jimmy Dorsey e os telespectadores mais velhos de todo o país provavelmente não sabiam o que fazer com ele, e as letras das músicas controversas como "I'm like a Mississippi bullfrog sittin' on a hollow stump, I got so many women, I don't know which way to jump" [Eu sou como um sapo do Mississippi sentado sobre um tronco oco, eu tenho tantas mulheres que não sei em qual pular] devem ter causado um certo espanto. Contudo, os adolescentes em todos os Estados Unidos identificaram algo em Elvis que sua geração precisava após a morte de James Dean no ano anterior. A

SEXO VENDE ELVIS NOS ESTADOS UNIDOS – SUA MÚSICA O VENDE POR TODA A PARTE

Acima: Andy Griffith, Imogene Coca, apresentador de TV Steven Allen, com "Tumbleweed" Presley no Steve Allen Show, 1º de julho de 1956. (CBS)

segunda escolha de Elvis foi uma bombástica "I Got A Woman". "Heartbreak Hotel", lançada no dia anterior, não foi tocada.

Ainda em Nova York, Elvis gravou faixas nos estúdios da RCA durante a semana seguinte, incluindo interpretações clássicas de "Blue Suede Shoes", de Carl Perkins, e "Tutti Frutti", de Little Richard. O pianista Shorty Long contribuiu muito para o arranjo, fazendo, com seu estilo *boogie-woogie*, "One-Sided Love Affair" se destacar.

Tudo nele era diferente

O segundo *Stage Show* aconteceu em 4 de fevereiro, quando, mais uma vez, Elvis preteriu "Heartbreak Hotel" em favor de dois números maravilhosos, "Baby Let's Play House" e "Tutti Frutti". Finalmente, no terceiro show, em 11 de fevereiro, após uma grandiosa apresentação de "Blue Suede Shoes", ele interpretou "Heartbreak Hotel", mas foi quase cômico, pois a Orchestra

41

Dorsey tocou um arranjo inadequado de *big band*. (Felizmente, depois disso, os Dorsey deixaram Elvis e sua banda se apresentarem sozinhos.) As plateias do estúdio ainda não tinham se apaixonado pelo novo cantor e "Heartbreak Hotel" ainda não tinha estourado nas paradas de sucesso; um sucesso adormecido, que só começou a vender bem no início de março. Nessa época, Elvis tinha concluído seu quarto Dorsey Show, em 18 de fevereiro, em que cantou "Tutti Frutti" de novo e, pela primeira vez, a balada emotiva "I Was The One".

Elvis trabalhava muito duro e, em 23 de fevereiro, desmaiou depois de um show em Jacksonville. O lugar parecia estar amaldiçoado para Elvis, considerando-se as grandes confusões do ano anterior. No hospital local, um médico lhe disse para diminuir o ritmo. No entanto, ele voltou ao palco na noite seguinte, animando os adolescentes de Jacksonville uma vez mais.

CHEGANDO AO TOPO

"Heartbreak Hotel" finalmente entrou nas paradas de sucesso em 3 de março, em um pouquíssimo promissor 68º lugar, mas demorou sete semanas para que chegasse ao primeiro lugar. Entretanto, uma vez nessa posição, ali ficou por incríveis oito semanas e Elvis teve seu primeiro 1 milhão de cópias vendidas.

Enquanto isso, a oferta para mais dois Dorsey Shows tinha sido aceita, a 1.500 dólares por show, e, em 17 de março, Elvis cantou "Blue Suede Shoes" e "Heartbreak Hotel", sem dúvida dando um impulso ao seu sucesso e ao de Carl Perkins. O último *Stage Show*, em 24 de Março, viu "Elvis O'Presley" colocar muita energia em "Money Honey" e dar a "Heartbreak Hotel" um outro toque, dessa vez, conseguindo uma resposta muito mais positiva da plateia do estúdio. Ao assistir a vídeos desses shows hoje em dia, ainda se tem a sensação de choque cultural. Havia a Dorsey Orchestra com seu som de *big band* da época; dançarinas de cabaré e até xilofonistas; e, do outro lado, havia Elvis, que todo mundo parecia pensar ser de outro planeta, com uma visão do futuro em doses igualmente ameaçadoras e emocionantes. Tudo nele era diferente – sua música, seu estilo, suas roupas, seu cabelo. Por trás de tudo, havia um cara que se divertia, ria da vida e quebrava barreiras na música. Você nota o microfone de tamanho incomum e a maneira como Elvis se move, com o violão potente de Scotty, o arrojado baixo de Bill e o ritmo do *disk-jokey* que sustenta tudo.

O coronel Parker finalmente obteve o controle total de Elvis em março. Bob Neal estava fora de cena e Hank Snow, sócio de Parker, que tinha imaginado participar da transação, também foi ignorado. Parker também pagou a multa de 10 mil dólares do contrato de Elvis com a *Louisiana Hayride* para liberá-lo para os mais lucrativos shows de sábados à noite.

Ainda em março, os Presley compraram uma nova casa em estilo rural na Audubon Drive, nº 1.034, em um dos bairros residenciais mais bonitos de Memphis. Vernon e Gladys mudaram-se enquanto Elvis estava em turnê.

Após o último Dorsey Show, Elvis voou para a Costa Oeste, em 25 de março, e passou o dia seguinte na Paramount Studios, em Hollywood, fazendo um teste de cinema para Hal Wallis. A parte de atuação do teste, cenas do contraditório ator Frank Faylen em *Lágrimas do Céu*, nunca foi vista, com exceção de algumas poucas fotos. Em 1990, o material em cores da dublagem de Elvis para "Blue Suede Shoes", como parte de seu teste de imagem, apareceu no primeiro volume de *The Great Performances* e causou uma grande sensação no mundo dos fãs de Elvis. Ainda em 1956, o roteirista Allen Weiss lembrou: "Ricocheteava eletricidade nas paredes da sala de som".

O primeiro álbum de Elvis, *Elvis Presley* (também conhecido como *Rock & Roll No 1*), foi lançado em 25 de março e incluía cinco faixas da Sun que Sam Philips nunca havia lançado, além de faixas gravadas na RCA, em Nova York. Teve uma grande saída, permanecendo em primeiro lugar por dez semanas e tornan-

SEXO VENDE ELVIS NOS ESTADOS UNIDOS – SUA MÚSICA O VENDE POR TODA A PARTE

do-se o álbum pop mais vendido na história da RCA. Ele deu a Elvis o seu primeiro disco de ouro. O investimento da RCA tinha valido a pena de maneira rápida significativa.

Hal Wallis ficou tão impressionado com a boa aparência de Elvis e com a sua presença na tela que lhe ofereceu um contrato de sete filmes sem exclusividade. Elvis assinou o contrato em 25 de abril.

À direita: Elvis com artistas na Mid South Fair, Memphis, em 23 de setembro de 1956. (Granlund)

SUAVIZAR OS MOVIMENTOS

Em 1956, Elvis apareceu mais na TV do que em todos os outros anos juntos. Na Estação Naval de San Diego, em 3 de abril, no *Milton Berle Show* da NBC, ele cantou e fez palhaçadas com o apresentador a bordo do porta-aviões *USS Hancock*. Um segundo programa de Berle aconteceu nos estúdios da NBC em Los Angeles, em 5 de junho, quando a interpretação entusiasmada de "Hound Dog" de Elvis, com seu clímax sensual e lento, causou furor na imprensa e foi diretamente responsável pela forma como ele foi apresentado no *Steve Allen Show*, em Nova York, menos de um mês depois. No programa de 1º de julho, a NBC e Allen decidiram que Elvis deveria usar traje de gala e suavizar seus movimentos. Elvis concordou com isso, embora não ficasse contente. Ele interpretou "I Want You, I Need You, I Love You" em um cenário grego falso e cantou "Hound Dog" para um bassê de cartola em um pedestal. Foi bizarro. No mesmo programa, participou bem-humorado de uma *sketch* de faroeste com Allen, Andy Griffith e Imogene Coca.

No dia seguinte, em uma sessão na RCA, em Nova York, a emoção e a sensação que ele colocou em "Hound Dog", de Leiber e Stoller, tomada após tomada, pode ter sido inspirada pela atitude arrogante de Allen. A mesma sessão, a primeira em que teve o apoio vocal dos The Jordanaires, viu a gravação da canção pop perfeita de Otis Blackwell, "Don't Be Cruel".

Em um show em Memphis, em 4 de julho, Elvis disse à multidão da cidade: "Aquelas pessoas em Nova York não vão me mudar em nada". Então, na apresentação mais frenética já vista em um palco norte-americano, mostrou o que o verdadeiro Elvis Presley faria.

O coroamento das muitas aparições na TV se deu em 1956, quando ele foi contratado para três programas *Toast Of The Town*, de Ed Sullivan, por 50 mil dólares. O primeiro aconteceu nos estúdios da CBS, em Los Angeles, em 9 de setembro, com o corpulento ator britânico Charles Laughton atuando como vítima de um acidente automobilístico em Nova York. Elvis cantou quatro músicas e disse: "Esta é provavelmente a maior honra que eu já tive na vida". Incluiu ambos os lados de seu álbum duplo de sucesso: "Hound Dog" (nº 1) e "Don't Be Cruel" (Nº 2). As avaliações excelentes – mais de 80% de todos os telespectadores – justificavam os altos honorários de Elvis.

Mostrando-se completamente como o ídolo da matinê, Elvis fez seu segundo programa

43

de Sullivan em Nova York, em 28 de outubro. "Love Me" foi um destaque. Antes de cantar uma rouca "Hound Dog", brincou: "Nós faremos uma música triste para vocês. Essa música é uma das canções mais tristes que já ouvimos. Ela realmente conta uma história, amigos. Uma letra linda...".

Abaixo: Elvis na 20th Century Fox com Robert Wagner (à esquerda), em 29 de agosto de 1956. Ele recebeu o prêmio da "Triple Crown" dado pela equipe da revista Billboard *(também sentados) pelo single "Don't Be Cruel", no topo de todas as três paradas de sucesso de vendas – pop, country e R&B. (Granlund)*

O último *Toast Of The Town* ocorreu em 6 de janeiro de 1957, em Nova York, e é memorável pela decisão de Sullivan e do programa de filmarem Elvis só da cintura para cima. O veludo da camisa e a estrela de lamê dourado na cintura colocaram ainda mais animação no seu canto, levando os telespectadores a imaginar o que acontecia abaixo da cintura. Durante o programa, ele mudou o clima completamente ao cantar "Peace In The Valley", com uma boa dose de sinceridade. Ao fim do programa, Sullivan fez alguns comentários paternalistas que certamente deixaram Elvis envergonhado: "Eu queria dizer a Elvis Presley e ao país que este é um ótimo rapaz, verdadeiro, decente (...) que nunca tivemos uma experiência tão agradável no nosso programa, com um grande nome, como tivemos com você. Você é um menino muito direito".

"Você é um menino muito direito"

Depois do sucesso de "Heartbreak Hotel", a RCA precisava de outro lado A para o próximo *single*. Elvis e a banda voaram para Nashville, em abril, para fazer uma sessão, porém o avião fretado que os levava se perdeu e ainda teve um problema de combustível. O grupo ficou traumatizado e chegou aos estúdios em 14 de abril. Apenas uma faixa foi gravada, talvez por causa do pânico da viagem de avião. Era uma balada melodiosa, "I Want You, I Need You, I Love You", que se tornou o segundo sucesso, alcançou a terceira posição nas paradas e vendeu mais de 1 milhão de cópias. O prêmio de ouro por "Heartbreak Hotel" foi entregue a Elvis em Nashville, em abril.

À direita: Quando Natalie Wood visitou Elvis, em 1956, ele a levou para conhecer Dewey Philips, o apresentador do programa Red Hot & Blue da rádio WHBQ, no local da estação dentro do Chisca Hotel, em Memphis. (Granlund)

Entre os dias 1º e 3 de setembro, Elvis fez a primeira de muitas visitas à Radio Recorders, em Hollywood, para gravar faixas para seu segundo álbum. Foi uma sessão produtiva, com destaque para a balada emotiva "Love Me", de Leiber e Stoller, que, como música principal do EP *Elvis, Vol. 1,* atingiu o sexto lugar nas paradas de sucesso de *singles* e vendeu mais de 1 milhão de cópias. Elvis também gravou ótimos rocks, como "Ready Teddy" e "Rip It Up", de Little Richard, "Paralysed", outra música cativante de Otis Blackwell, e "Old Shep", a música de sua infância. Quando *Elvis* (também conhecido como *Rock & Roll No 2*) foi lançado em outubro, subiu rapidamente para o primeiro lugar. Outro álbum de ouro!

Elvis estava à procura de aparições ao vivo, ainda tocando em lugares pequenos no início de 1956 e preparando-se para grandes arenas à medida que a Presleymania se espalhava. O coronel considerou Las Vegas por um tempo e reservou o New Frontier Hotel para duas semanas. Ele começou no Venus Room, em 23 de abril, mas o público de mais idade não gostou de seu rock'n'roll. Cinco dias depois, quando "Heartbreak Hotel" chegou ao primeiro lugar nas paradas de sucesso, ele fez uma matinê especial para adolescentes. Uma gravação de seu último show, em 6 de maio, foi incluída na coleção de 1980, *Elvis Aron Presley.* Vegas pode não ter adotado Elvis, mas ele adotou a cidade, desfrutando das boates e dos encontros com astros como Liberace e Johnnie Ray.

Em 26 de setembro, voltou a Tupelo e se apresentou para uma multidão em êxtase ao ar livre na Mississipi-Alabama Fair & Dairy Show. Dessa vez, ele não ficou em nenhum quinto lugar! Há filmagens do show com Elvis usando uma camisa de veludo e sapatos brancos, e gravações de má qualidade dos dois shows foram lançadas na coleção de 1984, *A Golden Celebration.*

À esquerda: O lendário Million Dollar Quartet", Jerry Lee Lewis, Carl Perkins e Johnny Cash reunidos com Elvis na Sun Studios, em 4 de dezembro de 1965. (Singleton/Granlund)

Uma enorme multidão de 26.500 pessoas assistiu a Elvis no Dallas Cotton Bowl, em 11 de outubro. Ele ganhou quase 18 mil dólares apenas por esse show. Com sua enorme popularidade vieram as inevitáveis críticas. Os pais, o clero e a imprensa partiram para o ataque e Elvis fez o seu melhor para defender a si mesmo e a sua maneira de interpretar uma canção. Todas as manchetes e as críticas não diminuí-

Conforme sua fama crescia, o nome de Elvis foi ligado a muitas mulheres

ram sua popularidade. Elvis e a Presleymania eram incontroláveis. Ele recebeu uma enorme aceitação quando fez um último programa *Hayride* em 15 de dezembro, um "remoto" ao ar livre em Shreveport.

Em 4 de dezembro, Elvis foi à Sun Studio para participar de uma sessão de improviso com Carl Perkins, Johnny Cash e um garoto novo, o extraordinário pianista Jerry Lee Lewis. O conjunto ficou conhecido como "The Million Dollar Quartet", embora Cash não figurasse nas gravações lançadas no álbum com o mesmo nome, em 1990.

Elvis fez um tremendo sucesso no Reino Unido, onde "Heartbreak Hotel", "Blue Suede Shoes", "Hound Dog" e "Blue Moon" figuraram na lista das 10 mais em 1956, porém, nenhuma das primeiras transmissões de Elvis na TV ou no rádio foi vista ou ouvida por lá. Assim, tirando sua música e algumas fotos do ídolo das adolescentes que a imprensa britânica infiltrava, o Reino Unido tinha sede de Elvis em comparação aos Estados Unidos. Ninguém fora da América do Norte tinha visto um Elvis Presley "em movimento", todavia, isso estava prestes a mudar com Hollywood no horizonte.

Apesar do teste de tela de Elvis ter sido feito pela Paramount, foi a 20th Century Fox que lançou sua carreira nas telas em seu filme de faroeste *The Reno Brothers* e, embora o filme apenas "apresentasse" Elvis, tal foi o

Abaixo: Elvis discute projetos com o coronel Tom Parker no set de Ama-Me Com Ternura, em 1956. (Fox)

clamor em torno de sua aparição que se tornou o filme "de Elvis". Ele não queria cantar no cinema, mas os chefões do estúdio decretaram o contrário e quatro canções foram acrescentadas, três country vibrantes e uma balada simples e comovente, "Love Me Tender", que logo se tornou o novo título do filme e deu a Elvis mais um primeiro lugar de sucesso, com 1 milhão de cópias vendidas ao ser lançado em setembro. Essa música também se tornou uma das canções mais conhecidas e uma das mais associadas a ele. Elvis gravou as músicas na Fox Soundstage com músicos do estúdio, em vez de Scotty e companhia. O ator principiante se empenhou para interpretar Clint Reno, mas a melhor coisa do filme eram as apresentações frenéticas e desinibidas das três canções animadas.

Abaixo: Elvis discute o roteiro de Ama-Me Com Ternura *com a atriz Debra Paget, em 1956. (Fox)*

Filmado em preto e branco, em agosto e setembro, com os famosos astros Richard Egan e Debra Paget, estreou em 15 de novembro em Nova York, com um cartaz gigante de Elvis dominando a marquise do Paramount Theatre. Os adolescentes se aglomeravam para assisti-lo e foi um enorme sucesso de público, embora os

Eu nunca me compararia a James Dean, de maneira alguma

críticos estivessem cáusticos. Col Parker, considerado como o exemplo de homem explorador, lançou a Elvis Presley Enterprises (EPE), que vendia mercadorias de todo tipo relacionadas a Elvis, desde batons a estátuas que brilhavam no escuro. Vendiam que nem pão quente.

Conforme sua fama crescia, o nome de Elvis foi ligado a muitas mulheres, das quais duas das mais conhecidas são June Juanico, uma fã da cidade de Biloxi, que ele visitou durante as férias de verão na Costa do Golfo, e a estrela de Hollywood Natalie Wood, que o visitou em Memphis, em outubro. A namorada da cidade natal, Barbara Hearn, também foi vista com ele em muitas fotos.

Assim como as manchetes de jornais, as fotografias de Elvis apareciam na imprensa constantemente e as primeiras revistas para fãs, de uma fila interminável das dedicadas a ele, foram publicadas. Nenhum fotógrafo se aproximou tanto de capturar a meteórica ascensão de Elvis ao estrelato quanto Alfred Wertheimer, cujas imagens evocativas de Elvis, tiradas principalmente em Nova York e Memphis, foram publicadas em *Elvis '56, In The Beginning,* em 1979, e apareceram em inúmeras outras publicações.

As fanzines incluíam *Photoplay's Elvis Presley*, *Elvis Presley Speaks*, *Official Elvis Presley Album* e *Elvis Presley Answers Back*. Esta última revista tinha um disco dourado anexo, no qual Elvis falava sobre vários temas. Ele deu dezenas de entrevistas para a imprensa e para os locutores de rádio ao longo do ano. Os jornalistas, contudo, têm um talento para distorcer as palavras, de modo que a fonte mais confiável para descobrir o verdadeiro Elvis vem de registros orais.

Em 24 de março, enquanto Elvis estava em Nova York para a última apresentação no *Stage Show*, Robert Carlton Brown conversou com ele em seu quarto no Warwick Hotel. Entre os temas discutidos estava a sua primeira gravação particular: "Nós ainda temos o disco em casa. É tão fino que não dá nem para tocar"; seus hobbies: "Gosto de andar de moto e de praticar esqui aquático"; cantores que admira: "Gosto de todos que são bons, independentemente do tipo música; pode ser religioso, R&B, caipira ou qualquer outro (...) de Roy Acuff a Mario Lanza"; as favoritas das suas canções: "I Was The One" e de seu primeiro álbum: "One-Sided Love Affair"; sua opinião sobre seus fãs: "Eu só queria que houvesse uma maneira de chegar até cada um deles e mostrar realmente que aprecio seu carinho e tudo o mais"; o coronel: "Ele é um homem muito inteligente"; sua comida favorita: "Gosto de costeletas de porco, presunto, purê de batata, coisas assim"; suas roupas: "No palco, gosto delas o mais chamativas possível"; sobre gravação: "Tenho de esquentar. Tenho de sentir aquilo que estou fazendo"; e filmes de que gostava: "Recentemente, gostei de *Helena de Troia*, gostei de *O Homem com o Braço de Ouro*. *Férias de Amor* – gostei de *Férias de Amor*".

O locutor Jay Thompson esteve com Elvis em um show em Wichita Falls, no Texas, em abril, e o cantor fez questão de lhe agradecer por promover seus discos. "Você realmente me ajudou muito e eu gostaria de lhe dizer o quanto sou grato por isso e a todas as pessoas maravilhosas que me escreveram, que compraram meus discos e que foram aos shows para nos assistir, porque o que de fato faz alguém (...) é o público." Ele diria coisas semelhantes a muitos outros entrevistadores.

UM SONHO TRANSFORMADO EM REALIDADE

Outro locutor do Texas, Charlie Walker, conversou com Elvis em San Antonio, em abril, quando ele falou sobre seu teste de tela: "É um sonho transformado em realidade. É algo que pensei que nunca iria acontecer comigo (...) justamente comigo". Em uma entrevista em LaCrosse, Wisconsin, em maio, Elvis contou ao entrevistador (desconhecido) sobre seus últimos shows em Las Vegas. "Na primeira noite, em particular, eu estava completamente apavorado. Depois, fiquei um pouco mais relaxado (...) trabalhei muito e, finalmente, conquistei-os um pouco." Quando tocou em Little Rock, no Arkansas, em 16 de maio, uma das perguntas do entrevistador Ray Green foi sobre como era a sensação de ser um grande astro. "É muito boa", disse Elvis, "tudo aconteceu tão rápido (...) eu tenho medo de acordar, de que seja só um sonho". Em uma extraordinária

SEXO VENDE ELVIS NOS ESTADOS UNIDOS – SUA MÚSICA O VENDE POR TODA A PARTE

À esquerda: O locutor Paul Killinger entrevista Elvis pouco antes de sua última apresentação no programa Louisiana Hayride, em 15 de dezembro de 1956. (Shreveport Tourist Dept.)

entrevista em Los Angeles, no início de junho, Lou Irwin perguntou sobre o efeito prejudicial do rock sobre os jovens (um dos temas favoritos dos entrevistadores). Um Elvis defensivo respondeu: "Se as pessoas tiverem de ser delinquentes juvenis, serão delinquentes juvenis mesmo ouvindo as rimas de Mamãe Ganso. O rock'n'roll não contribui para a delinquência juvenil de modo algum".

Em julho, após sua aparição no *The Steve Allen Show*, Elvis deu uma entrevista ao vivo por telefone do quarto do Warwick Hotel a Hy Gardner, a qual foi exibida na TV em partes. Gardner mencionou que as pessoas previam que Elvis seria outro James Dean. "Eu nunca me compararia a James Dean, de maneira alguma, porque ele era um gênio na atuação", disse Elvis. "Acho que muitos atores em Hollywood gostariam de ter a capacidade que ele teve. Mas eu nunca me compararia a James Dean, de maneira alguma."

Com a fama vieram os boatos. Elvis apareceu inesperadamente na rádio WNOE, em New Orleans, durante sua visita à Costa do Golfo, no início de julho, e disse aos ouvintes: "Eu estava em Biloxi e ouvi no rádio que estaria noivo de alguém (June Juanico). Então, vim aqui para saber com quem eu estaria noivo!".

Na Flórida, no começo de agosto, durante os preparativos para a primeira aparição no programa de Sullivan, Elvis concedeu a Paul Wilder uma entrevista para a *TV Guide*. Wilder mencionou um artigo sarcástico da imprensa de Herb Rowe que chamava Elvis de "um artista sem talento" e dizia que seus fãs eram idiotas. Elvis respondeu: "Ele não é nada além de um idiota ou não se sentaria lá e escreveria todas aquelas tolices. Ele detesta admitir que é velho demais para se divertir". Defendeu seus fãs dizendo que eram "filhos dignos e que devem ter sido criados em um lar decente (...) enquanto são jovens, deixe-os se divertir". A maioria dos adultos, disse ele a Wilder, "é muito legal (...) não derruba as pessoas por diversão". Ele disse que não gostava do seu apelido, "Elvis The Pelvis". "É uma das expressões mais infantis que já ouvi."

No disco *The Truth About Me*, gravado na 20th Century Fox no fim de agosto, Elvis revelou: "Quando eu dirigia um caminhão, toda vez que um carrão brilhante passava perto, eu começava a sonhar acordado. Sempre senti que algum dia, de alguma forma, algo aconteceria para mudar tudo na minha vida, e ficava imaginando como seria". Sobre o amor, ele disse: "Acho que ainda não encontrei a garota certa, mas vou encontrar e espero que não demore muito porque, às vezes, me sinto sozinho. Fico sozinho no meio de uma multidão. Mas tenho a sensação de que, com ela, quem quer que seja, não estarei sozinho, não importa onde eu esteja".

Durante 1956, Elvis deu mais entrevistas do que jamais daria novamente. Depois disso, o coronel fez questão de que o futuro acesso ao "seu menino" se tornasse muito mais difícil.

No fim do ano, Elvis era um milionário, todos sabiam soletrar seu nome e seu fã-clube britânico começou a funcionar em um endereço em Londres.

CAPÍTULO 5
O DIRETOR ORGANIZOU UMA FESTA

O ano de 1957 começou com um comercial pré-gravado na rádio em que Elvis estimulava os ouvintes a apoiar a March of Dimes para ajudar as vítimas da poliomielite. "A luta contra a pólio é tão difícil quanto sempre foi", dizia ele. "As pessoas se tornam deficientes e a vacina Salk não pode ajudá-las a se recuperar. Mas você pode. Lembre-se das vítimas da pólio. Junte-se hoje ao March Dimes."

Ele gravou canções religiosas imbuídas de profunda sinceridade

O disco mais recente de Elvis, *Too Much*, gravado no último setembro com um belo solo improvisado de Scotty, foi lançado em 4 de janeiro e, embora tenha chegado somente ao segundo lugar, ainda assim contribuiu com o número crescente de discos de ouro.

Qualificado para o serviço militar, Elvis realizou seu exame físico no Kennedy Veterans Hospital, em Memphis, antes de uma rápida viagem a Nova York para o último programa de Sullivan dois dias depois. Logo depois, voltou para casa de trem para celebrar seu 22º aniversário na casa da Audubon Drive.

Ed Sullivan tinha anunciado no programa que Elvis estava prestes a ir para Hollywood para iniciar seu novo filme, chamado *Running Wild*. Esse provavelmente era o título provisório de *Loving You* [*A Mulher Que Eu Amo*]. *Lonesome Cowboy* era o título provisório mais comum. Ao chegar à Union Station, em Los Angeles, ele se hospedou no elegante Beverly Eilshire Hotel e, antes de começar o filme, gravou algumas das músicas da trilha sonora na Radio Recorders, em 12 e 13 de janeiro. Ele também gravou "All Shook Up", outra música de autoria do talentoso Otis Blackwell e seu primeiro

À direita: No palco com os Jordanaires, 1957, (Tunzi)
À esquerda: Elvis com a atriz Sophia Loren na Paramount, em 1957. (Granlund)

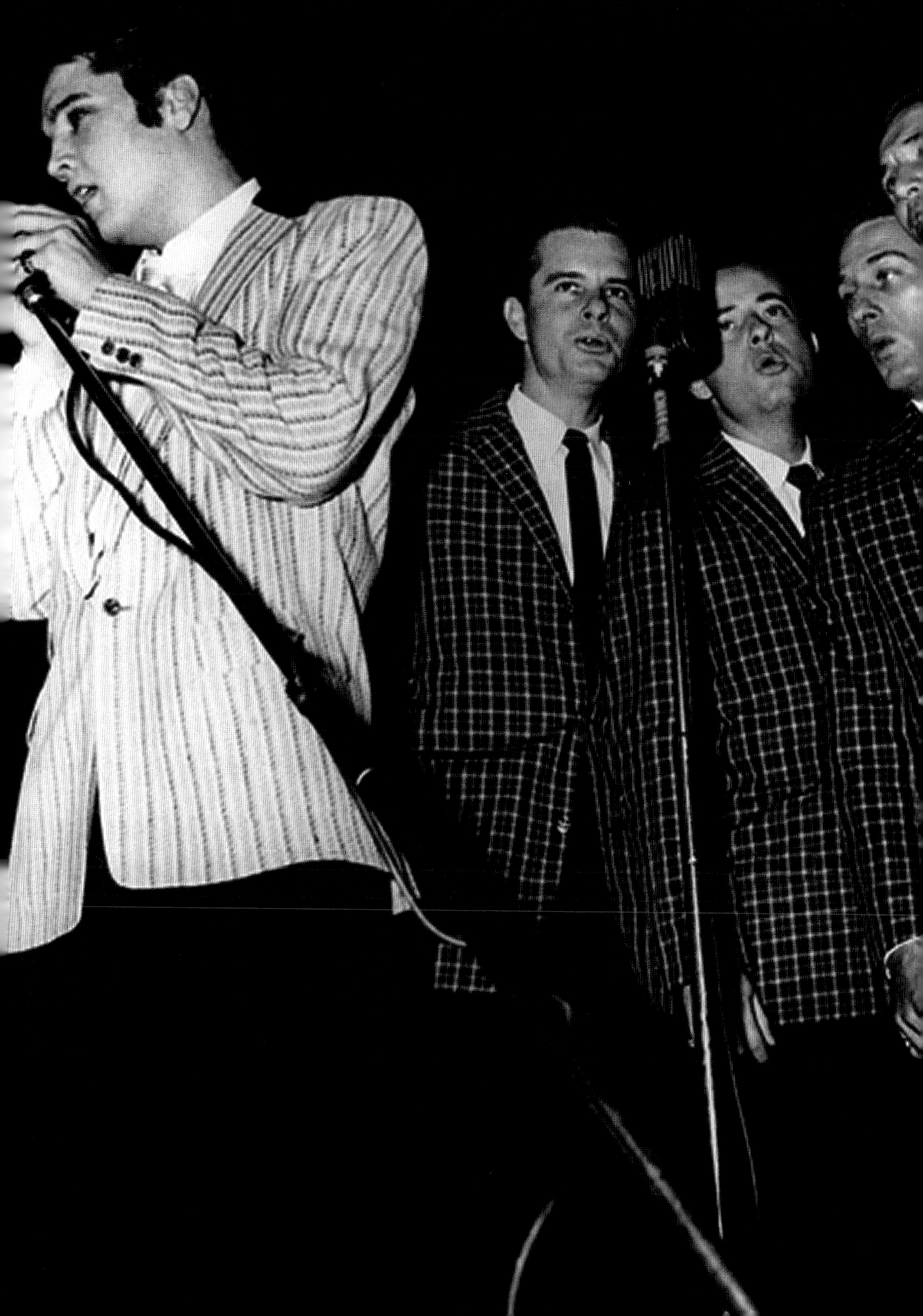

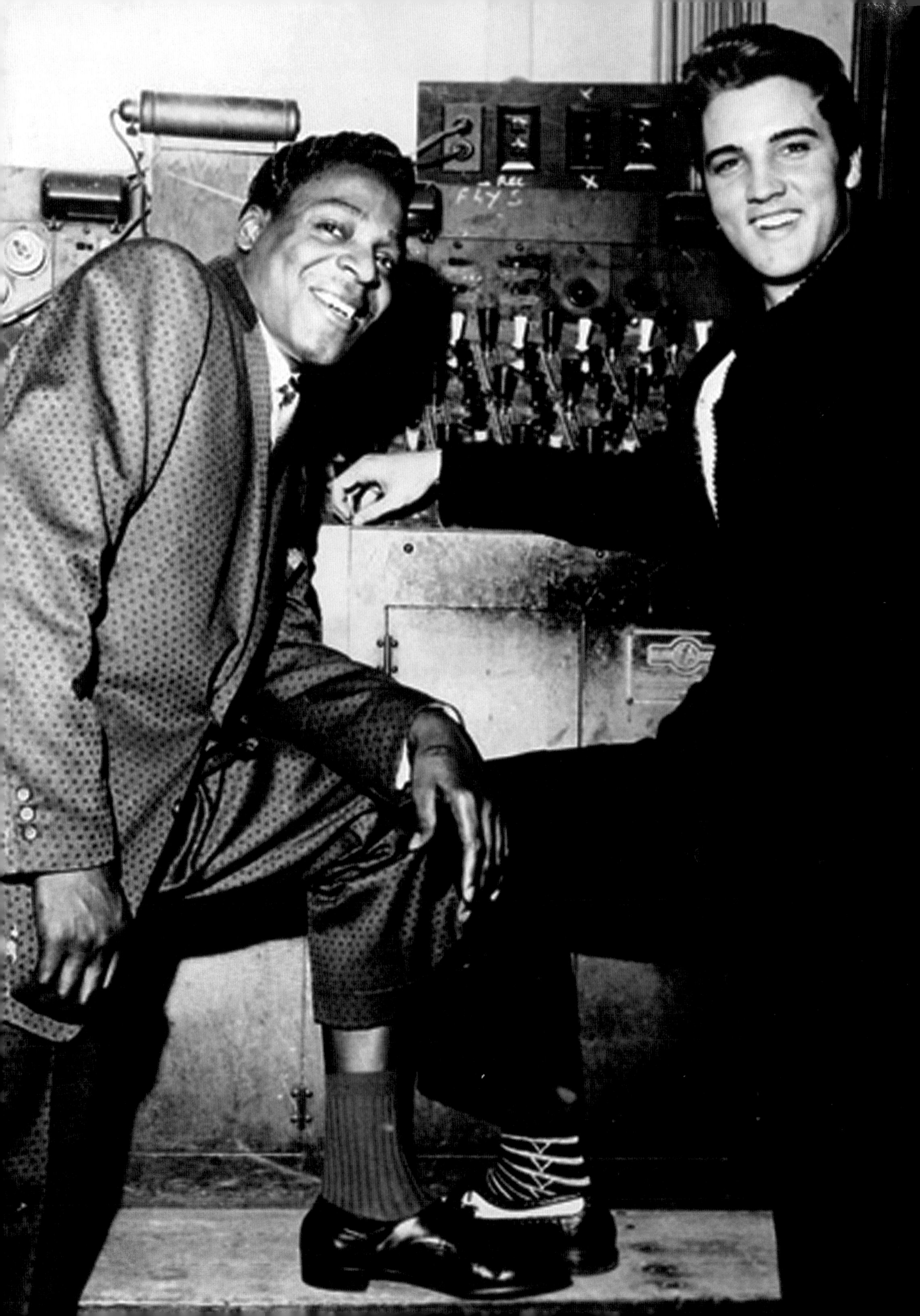

grande sucesso no Reino Unido. Talvez estimulado pela boa recepção que "Peace In The Valley" teve no programa de Sullivan, ele gravou essa e outras duas canções religiosas, todas imbuídas de profunda sinceridade. O restante

Ficava claro que ele estava ganhando confiança

das canções do filme foi gravado mais tarde, em janeiro, no grande estúdio de gravação da Paramount. Este, ao contrário do estúdio da 20th Century Fox, permitiu que Elvis usasse seus próprios músicos, acompanhados por alguns músicos contratados, em particular, o pianista Dudley Brooks. Scotty, Bill e D. J., além dos The Jordanaires seriam vistos tocando para Elvis nesse filme (e nos dois filmes seguintes). Em mais uma sessão na Radio Recorders, em 19 de janeiro, uma quarta faixa religiosa foi gravada. Essas gravações gospel seriam lançadas em um EP especial.

Para o filme que seria rodado em Technicolor e Vistavision, Elvis tingiu seu cabelo loiro-escuro de preto. Para o restante de sua vida, com algumas poucas exceções, ele continuaria a tingi-lo.

O papel de Elvis em *A Mulher Que Eu Amo* era vagamente baseado em sua ascensão meteórica ao estrelato na vida real, partindo de cidades pequenas (e conseguindo agitar as garotas locais), em turnês pelo país e, por fim, alcançando uma enorme fama e gerando controvérsia, no caso, com as autoridades civis que odiavam o rock'n'roll. Em muitos aspectos, isso representava as próprias experiências de Elvis nos dois anos anteriores.

À esquerda: Elvis com Brook Benton, um de seus cantores favoritos, nos bastidores, em 1957. (Mercury Records) Abaixo: Elvis com sua colega de elenco em A Mulher Que Eu Amo, *Lizabeth Scott, posando para uma foto de publicidade na Paramount em um Chrysler Imperial. (Paramount)*

OS ARQUIVOS DE ELVIS

O personagem Deke Rivers, vestido de jeans e com um jeito especial de cantar, caiu bem em Elvis. Ele ficou muito bonito e se apresentou com elegância, tanto no dramático "Lonesome Cowboy", como no rock "Got A Lot O' Livin' To

O mundo de Elvis havia mudado além dos seus sonhos mais loucos

Do" como na simples balada que deu nome ao filme. Ele teve o seu primeiro beijo na tela com a atriz Jana Lund. Havia ainda algumas questões a serem aperfeiçoadas em sua atuação, mas ficava claro que ele estava ganhando confiança. Houve, em particular, uma sequência em um cemitério que mostrou que, como ator dramático, ele tinha grande potencial. Seus colegas de elenco em *A Mulher Que Eu Amo* foram Wendell Corey e Lizabeth Scott (no papel de uma versão feminina do coronel Parker). A bela recém-chegada Dolores Hart interpretou a namorada de Deke. Fora da tela, Elvis, Dolores e outros jovens atores se reuniam para tocar e cantar juntos.

Gladys e Vernon Presley fizeram sua primeira viagem à Costa Oeste durante as filmagens. Antes da viagem, Gladys ficou internada no Baptist Hospital, em Memphis, para fazer alguns exames. Durante uma visita ao *set* de filmagens, quando o último número musical era filmado, Hal Wallis acomodou Gladys e Vernon na plateia, e, enquanto Elvis dançava em "Got A Lot O' Livin' To Do", Gladys respondia batendo palmas com grande entusiasmo.

Como mencionado anteriormente, Elvis nunca usou roupas de faroeste no palco. No filme, entretanto, seu guarda-roupa incluía algumas dessas roupas e, em especial, o figurino vermelho

À direita: Nudie Cohen, que desenhou o famoso terno dourado, com Elvis, em 1957. (EPFC) À extrema direita: Nos bastidores, em 1956.

e branco que ele vestiu ao cantar "Teddy Bear". Essa cena, com uma luz púrpura, ficou deslumbrante do ponto de vista visual e sonoro. Outra sequência interessante foi a apresentação musical de Elvis de "Mean Woman Blues". O filme foi concluído em 10 de março, quando o coronel deu uma festa no *set* e distribuiu uma grande quantidade de materiais promocionais.

Durante as filmagens, Elvis realizou outra sessão na Radio Recorders, em 23 e 24 de fevereiro. Ele finalmente conseguiu fazer uma versão bem-sucedida de "Loving You" depois de muitas tentativas fracassadas em sessões anteriores, e gravou uma de suas melhores faixas, a maravilhosamente excitante "One Night".

GRACELAND

Apesar das melhorias, que incluíam uma piscina e uma cerca com notas musicais sobre ela, a residência de Elvis em Audubon Drive tornava-se cada vez mais inadequada. Ela era constantemente assediada por fãs, e os vizinhos não

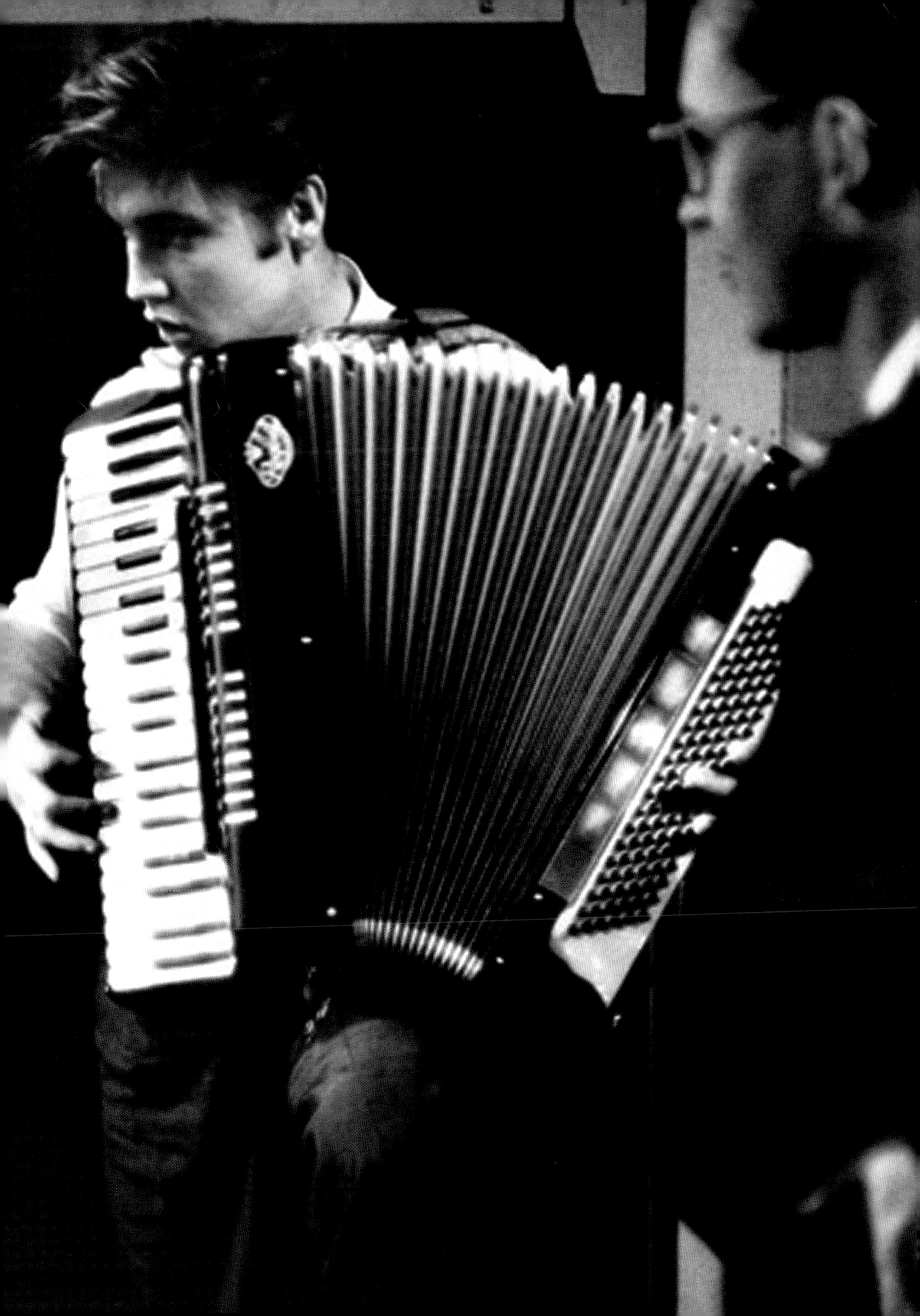

OS ARQUIVOS DE ELVIS

Acima: A atriz Yvonne Lime posa com Elvis nos degraus da fachada da sua recém-adquirida mansão em Memphis, Graceland, em 19 de abril de 1957. (Tunzi)

À direita: Elvis se balança na famosa sequência de dança de Prisioneiro do Rock.

estavam satisfeitos, pois aquela era uma área calma e restrita. Outra mudança estava a caminho e, ao retornarem de Hollywood a Memphis, seus pais encontraram o lugar ideal, uma casa de dois andares, alguns quilômetros ao sul da cidade, que se tornaria lendária. Tratava-se, naturalmente, de Graceland. Com quase 14 hectares de terreno plano, ficava bem afastada da Highway 51 South. Eles ligaram para Elvis contando-lhe da casa e, um ou dois dias depois, ele voltou à cidade para olhar a propriedade e dar um sinal de entrada. O negócio foi fechado, em 25 de março, por um total de pouco mais de 100 mil dólares. Elvis logo contratou um decorador de interiores para modernizar a casa, que datava de 1939 e pertenceu no passado a uma grande fazenda. Depois que o muro frontal de pedras do Alabama foi construído e o famoso portão musical eletrônico com desenhos de violões foi instalado, Graceland pôde proporcionar a segurança e a privacidade que Elvis era forçado a procurar cada vez mais, conforme sua fama crescia em proporções inimagináveis. Com apenas 22 anos, ele tinha percorrido um longo caminho desde que se mudou para Memphis. O mundo de Elvis havia mudado além de seus sonhos mais loucos desde que deixou Tupelo oito anos e meio antes.

Enquanto Graceland era redecorada, Elvis saiu em turnê novamente e, no primeiro show, no International Amphitheatre de Chicago, tinha uma surpresa para os 12 mil fãs na plateia: uma roupa nova, o famoso terno dourado. (Esse traje de palco é sempre referido como seu terno de lamê dourado, mas, na verdade, era feito de couro clareado com um revestimento dourado.) Ele havia sido desenhado por Nudie Cohen, de Hollywood, e custou 2.500 dólares. Uma camisa com babados, gravata e sapatos dourados completavam o visual. Elvis tinha o físico para vestir um terno dessa categoria, que certamente contribuiu para a presença de palco do menino de ouro. No entanto, a roupa não era nada confortável e, depois de algumas noites, ele voltou a usar apenas o casaco com calças pretas. O terno havia sido ideia de Parker; ao que tudo indica, Elvis não estava muito ineressado nele.

Quando a turnê chegou a Detroit, em 31 de março, Elvis deu uma entrevista coletiva. Perguntaram sobre sua convocação (após o exame físico em janeiro, ele tinha recebido uma classificação positiva) e se iria para o serviço militar. "Eu não vou pedir. Se eles me colocarem no serviço militar, tudo bem. Se não quiserem, tudo bem também. Em outras palavras, não importa o que eles queiram que eu faça, farei o melhor que puder." Ele disse que não se importaria de ir ao exterior. Questionado sobre seu próximo filme, disse: "Meu próximo filme é em uma prisão". Como se chamará? O interessante é que ele respondeu: "*The Hard Way*". Logo o título mudaria para *Jailhouse Rock* [*Prisioneiro do Rock*].

56

A turnê seguiu com duas datas no leste do Canadá – em Toronto, em 2 de abril (quando ele vestiu o terno de ouro completo novamente), e em Ottawa, em 3 de abril, quando uma escola religiosa local suspendeu vários alunos que assistiram ao show.

Em Ottawa, Elvis concedeu uma entrevista a Mac Lipson e voltou a defender seu desempenho no palco. "Eu certamente não quero ser vulgar ou insinuante e não acho que eu seja (...) É apenas a minha maneira de expressar as canções. Você tem de fazer um show para as pessoas. Não pode ficar parado como uma estátua." Ele defendeu seus fãs mais uma vez: "Você não pode impedir um grupo de jovens de se divertir porque eles só vão crescer uma vez. E vão ter um baile enquanto crescem. Sei que não os culpo e não vejo por que alguém deveria culpá-los". Lipson deixou Elvis em maus lençóis ao perguntar se ele achava que tinha sucesso por causa de seu desempenho no palco ou se realmente tinha boa voz. "Eu nunca achei que tivesse boa voz", disse ele modesto, "apenas gosto muito do que faço. Coloco o coração, a alma e o corpo nisso. Mas, para mim, uma das razões que fizeram com que as pessoas gostassem é porque era algo um pouco diferente".

As apresentações de Elvis no Canadá foram os únicos shows que faria fora dos Estados Unidos. O coronel Parker, estigmatizado depois da morte de Elvis, entre outras coisas, como um "estrangeiro ilegal", viajou com seu artista para o exterior.

Cerca de uma semana antes dessa turnê começar, "All Sook Up" foi lançada (cujo lado B tem uma linda versão de "That's When Your Heartaches Begin", a canção que Elvis tinha gravado em sigilo em 1953). Chegou ao primeiro lugar e permaneceu na frente por oito semanas. Além de dar a Elvis outro disco de ouro, a frase "All Shook Up" passou a fazer parte da língua inglesa. Ela também deu a Elvis, pela primeira vez, o topo da parada de sucessos britânica.

No fim de abril, Elvis pegou o trem de Memphis para Hollywood mais uma vez. Entrou em Beverly Wilshire e, sem perda de tempo, começou a trabalhar na trilha sonora de *Prisioneiro do Rock*, na Radio Recorders. Dessa vez, os compositores Jerry Leiber e Mike Stoller assistiram às sessões. Eles escreveram a faixa-título, que não era nada fácil de cantar, mas Elvis fez um excelente trabalho como roqueiro rouco. Mike e Jerry escreveram três outras canções do filme. A sessão foi interrompida em 1º de maio, quando um executivo da MGM protestou contra a maneira insinuante como Elvis cantava canções gospel, e o astro abandonou a sessão, retornando dois dias depois para concluí-la.

O PAPEL DRAMÁTICO QUE ELE PROCURAVA

Em *Prisioneiro do Rock,* Elvis encontrou o papel dramático que procurava; como o arrogante Vince Everett, pôde interpretar seu papel com fanfarrice e atitude. Everett era quase um anti-herói. Na companhia de Judy Tyler e Mickey Shaughnessy, Elvis trouxe muito rock'n'roll e fanfarrice para o papel de um homem condenado por homicídio culposo que, ao sair da prisão, torna-se um astro no mundo do entretenimento, mas trata mal as pessoas, apenas para entender seu erro no fim da fita.

A música caiu bem no filme. "Treat Me Nice" e "Baby I Don't Care" foram apresentadas de maneira muito animada, mas talvez tenha sido a faixa-título que permaneceu como a mais memorável de todas no cinema. A cena é considerada como o primeiro clipe pop e, sem dúvida, ajudou a transformar *Prisioneiro do Rock* em um filme *cult*. A cobertura de porcelana de um dente de Elvis se soltou durante a filmagem e ele passou uma noite no Cedars of Lebanon Hospital depois que ela foi removida de seu pulmão. Seu famoso penteado – topete e costeletas – foi coberto com peruca e maquiagem para as cenas da prisão.

A filmagem foi concluída em torno do dia 25 de junho e Elvis foi para o leste para ver sua nova casa. Gladys e Vernon se mudaram para lá em 16 de junho e uma piscina reniforme tinha sido instalada. Ele estava há poucos dias em casa quando ouviu a notícia trágica de que Judy Tyler havia falecido em uma colisão frontal de carro em 3 de julho. Por essa razão, não conseguiu assistir a *Prisioneiro do Rock*.

Elvis conheceu uma nova garota, Anita Wood, no início de julho, e levou-a com seus pais para uma exibição reservada, à meia-noite, de *A Mulher Que Eu Amo,* em Memphis. O filme havia estreado no início daquela noite, 10 de julho, no Strand Theatre de Memphis, e entrou em circuito nacional no fim do mês, com um enorme sucesso de bilheteria.

A curta turnê seguinte foi na costa noroeste do Pacífico e incluía um show no Empire Stadium, em Vancouver, em 31 de agosto. Elvis concedeu uma entrevista coletiva à imprensa antes de subir ao palco, respondendo a perguntas do famoso radialista Red Robinson, e de outros, sobre a maioria dos assuntos comuns. Como ele se vê como ator? "Muito ruim. Quer dizer, é algo que se aprende com a experiência. Acho que talvez eu possa me aperfeiçoar no decorrer dos anos." Ele se importa com perguntas sobre sua vida pessoal? "Qualquer pessoa pública perde a privacidade de sua vida. Tudo o que você faz, o público fica sabendo, sempre foi assim e sempre será."

Naquela noite, Elvis fez um show tão quente para os 26.500 fãs canadenses no Empire Stadium que precisou ser interrompido duas vezes porque eles invadiram o palco.

De volta à Radio Recorders, entre 5 e 7 de setembro, Elvis gravou faixas para um álbum de Natal, intercalando canções natalinas como "Silent Night" com faixas de rock'n'roll como "Blue Christmas" e a magnífica "Santa Claus Is Back In Town". Esta última era outra canção lírica e inteligente de Lieber e Stoller. Quando Elvis pediu à dupla uma balada, eles rapidamente compuseram um clássico: "Don't". Essa foi a última sessão de gravação de Elvis com Scotty Moore, Bill Black e D. J. Fontana, que pediram demissão porque acreditavam estar sendo mal pagos.

A força de Elvis nas paradas de sucesso não tinha pausa. "Teddy Bear" alcançou o primeiro lugar depois de seu lançamento em junho e o LP do *hit* "Loving You" chegou ao topo da parada de sucessos entre os álbuns. Até o *Peace In The Valley* atingiu o 39º lugar nas paradas dos *singles*, ampliando o apelo de Elvis e trazendo o respeito, há muito esperado, de diversos adultos. Então, em setembro, veio o magnífico *Jailhouse Rock*. Ele não só chegou ao primeiro lugar nos Estados Unidos, como, no Reino Unido, foi o primeiro disco a entrar nas paradas em primeiro lugar ao ser lançado em janeiro.

O sonho de Elvis de um Centro da Juventude para os adolescentes de Tupelo evoluiu mais um pouco quando ele fez um show beneficente na Tupelo Fairgrounds, em 27 de setembro. D. J. voltou ao grupo, e o violonista Hank Garlan e o baixista Chuck Wiginton completaram a linha de frente. No entanto, a promessa de um aumento de salário trouxe Scotty e Bill de volta quando Elvis iniciou uma turnê na Califórnia quatro semanas depois.

Um show no Pacific Auditorium de Los Angeles, em 28 de outubro, atraiu tanta publicidade negativa pelos movimentos de Elvis no palco, que a polícia filmou o show no dia seguinte, mas Elvis suavizou seus movimentos.

Elvis não gostava de viajar de avião e, quando se comprometeu a se apresentar no Havaí, seguiu por mar, desfrutando uma viagem de quatro dias a bordo do USS *Matsonia*, enquanto sua banda voava para Honolulu. Ele se hospedou no Hawaiian Village Hotel, na praia de Waikiki e, em 10 de novembro, fez dois shows no Honolulu Stadium e um terceiro em Schofield Barracks, no dia seguinte. Esse foi o início de uma longa e feliz amizade com as ilhas. Foi também o fim de uma era: o último espetáculo de Elvis dos anos 1950.

Ele navegou de volta ao continente no USS *Lurline* e, depois de alguns dias em Las Vegas, voltou para Memphis, onde, em 20 de dezembro, recebeu seus papéis de convocação. Por insistência do coronel, Elvis pediu um adiamento de dois meses ao Memphis Draft Board, a fim de ter tempo para concluir o filme seguinte. Ele fez uma rápida viagem a Nashville no dia seguinte, mas não cantou no Grand Ole Opry; apenas acenou para o público. Passou o Natal em Graceland com a família.

O *Elvis's Christmas Album* foi o mais vendido do país (estava destinado a tornar-se um

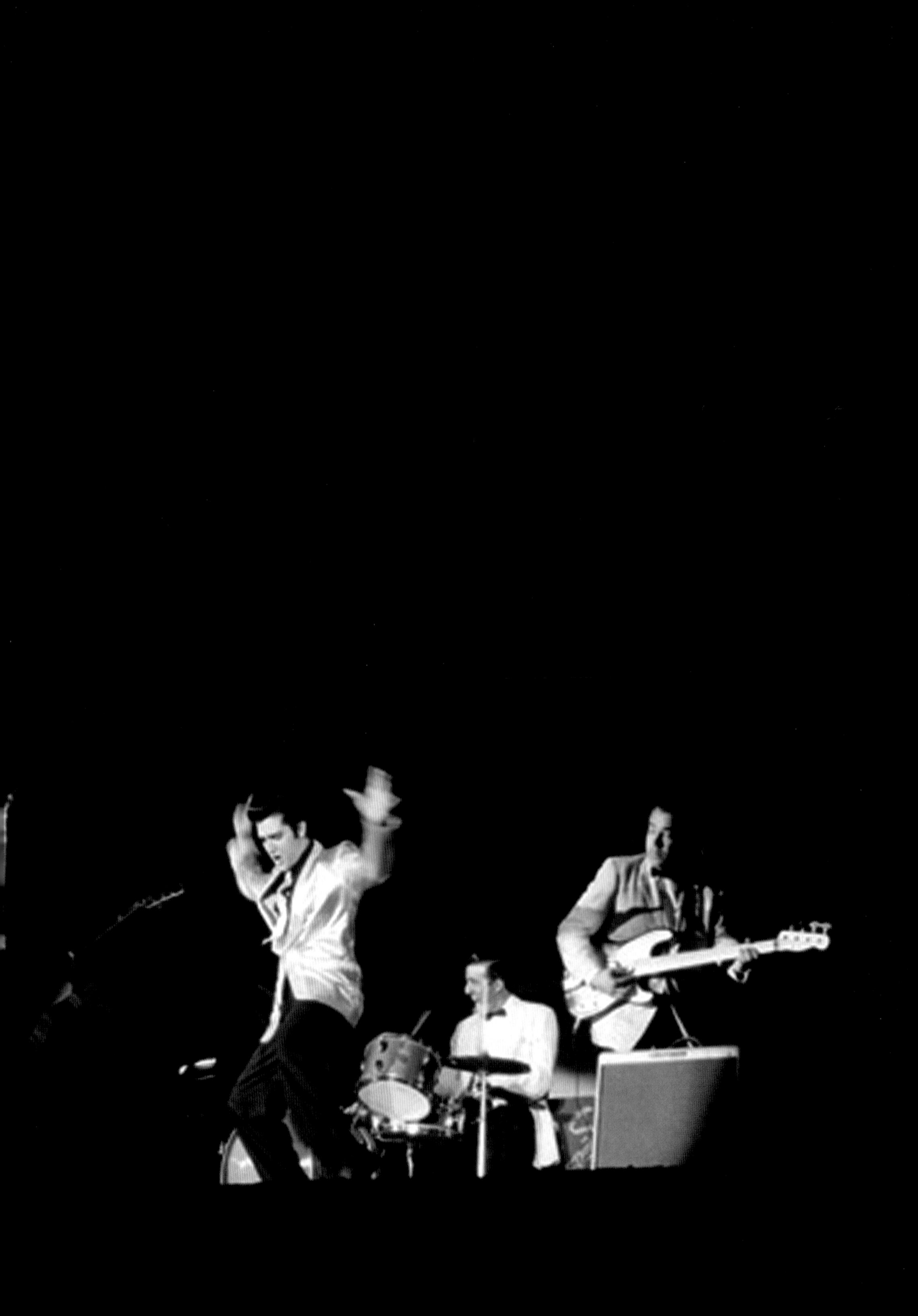

O DIRETOR ORGANIZOU UMA FESTA

eterno favorito, vendendo milhões de cópias e registrando fortes vendas por muitos Natais futuros), apesar de seu autor Irving Berlin e de alguns radialistas não apreciarem a interpretação de Elvis, cheia de suingue, de "White Christmas".

O grande *best-seller* de Harold Robbins, *A Stone For Danny Fisher*, foi adaptado como o próximo filme de Elvis na Paramount, com o título alterado para *Balada Sangrenta*, a fim de refletir a sua locação em New Orleans e sua história sobre o pugilista campeão de Nova York que passou a lutar como cantor nos palcos de New Orleans. Também estrelavam Walter Matthau, Carolyn Jones, Dean Jagger, Vic Morrow e Dolores Hart, que mais uma vez interpretou a namorada de Elvis. O experiente diretor Michael Curtiz declarou um grande respeito a Elvis como ator.

À direita: Com a atriz Venetia Stevenson, em 1957. (EPFC) À esquerda: Scotty Moore (na sombra do lado esquerdo), D. J. Fontana (bateria) e Bill Black (baixo) acompanham Elvis no Pan Pacific Auditorium em Los Angeles, em 28 de outubro de 1957. (Tunzi)

O show atraía publicidade negativa pelos movimentos de Elvis no palco

Lieber e Stoller criaram canções de primeira, a ameaçadora "Trouble", "Steadfast Loyal And True" e "King Creole". A qualidade foi mantida com "Crawfish", de Wise e Weisman; "Lover Doll", de Wayne e Silver; e o blues "New Orleans", de Tepper e Bennett. Muitos fãs consideram a trilha sonora de *Balada Sangrenta* a melhor de todos os filmes de Elvis. As faixas foram gravadas na Radio Recorders em meados de janeiro, antes do início das filmagens no dia 20, época em que a comovente balada "Don't" estava a caminho do primeiro lugar.

Balada Sangrenta foi o primeiro filme em que Elvis precisava ir a locações. O elenco e a equipe ficavam em New Orleans e as locações utilizadas incluíam o romântico French Quarter, com suas varandas de ferro trabalhado, a histórica Bourbon Street, a catedral, uma escola e o lago Pontchartrain, do lado de fora da cidade. Assim como *Prisioneiro do Rock*, *Balada Sangrenta* foi filmado em preto e branco, o que aumentava o clima ameaçador exigido em algumas cenas.

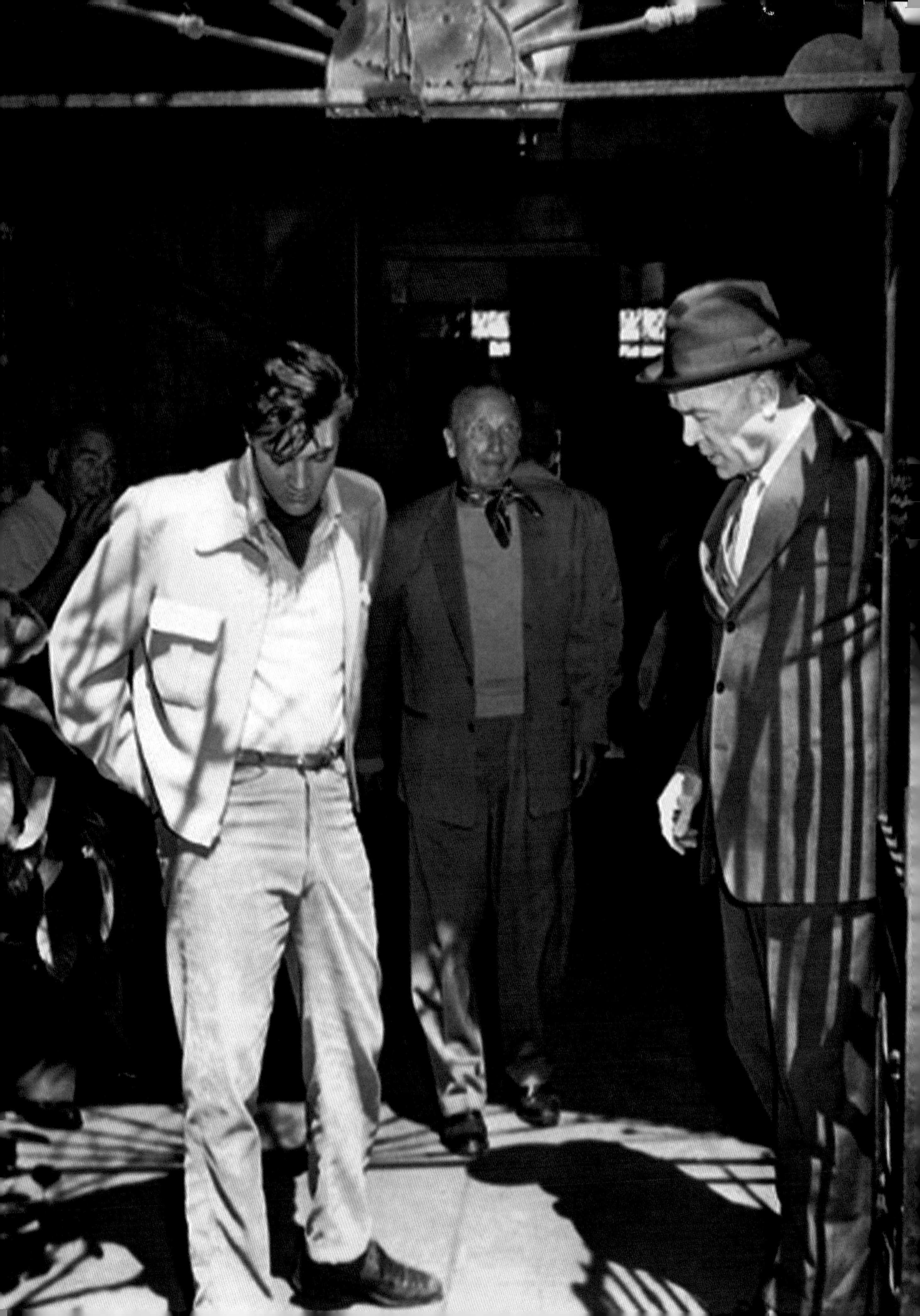

O DIRETOR ORGANIZOU UMA FESTA

Em meados de março, Elvis estava de volta à sua casa, apenas alguns dias antes de sua iniciação militar. Ele desfrutou seus últimos dias como civil alugando o Rainbow Rollerdrome por toda a noite. No dia 24 de março, bem cedo, apresentou-se ao serviço militar, em Memphis.

À esquerda: Bastidores do Grand Ole Opry com Little Miss Dynamite Brenda Lee, em 21 de dezembro de 1957. (Granlund)
Abaixo: Johnny Cash com o braço em torno de Elvis, em Nashville, em dezembro de 1957. (Granlund)

ELVIS PRESLEY PODE ATUAR

Elvis sempre achou que *Balada Sangrenta* foi o melhor filme que ele já fez e poucos discordam. Finalmente, ele teve a chance de mostrar o seu vigor para atuar. Exibindo um corte de cabelo mais curto, com costeletas aparadas, transformou Danny Fisher em um personagem verossímil, enquanto o forte elenco de apoio invocava os espíritos do submundo de New Orleans. Quando o filme foi lançado no verão, foi aclamado pela crítica. "Elvis Presley pode atuar", disse *The New York Times*. Os fãs de Presley podiam ficar muito orgulhosos de seu ídolo.

À esqueda: Elvis com o diretor Michael Curtiz e o ator Dean Jagger na locação em New Orleans de Balada Sangrenta, em 1958. (Fox)

Elvis havia feito uma sessão curta na Radio Recorders em 1º de fevereiro, quando gravou uma das músicas do seu *single* seguinte, "Wear My Ring Around Your Neck", que, porém, só alcançaria o terceiro lugar nas paradas.

63

CAPÍTULO 6

MAIS *SEXY*, BEM PAGO E DEMAIS NA ALEMANHA

De manhã, bem cedo, estava frio, mas muitos foram ver Elvis partir, incluindo Vernon e uma preocupada Gladys Presley, sua namorada Anita Wood, o coronel e grande parte da mídia. Após o juramento, Elvis foi colocado no comando dos demais recrutas e, juntos, embarcaram em um ônibus para Fort Chaffee, no Arkansas. Ele recebeu o número 53.310.761, que todo fã que se prezasse logo saberia de cor.

> **Ele recebeu o número 53.310.761, que todo fã que se prezasse logo saberia de cor.**

Em Fort Chaffee, com as câmeras e a imprensa assistindo, Elvis vestiu seu uniforme e teve de pagar US$ 0,65 para cortar o cabelo. Quando a triagem foi concluída, ele foi encaminhado para a 2nd Armoured Division, em Fort Hood, no Texas (sob o comando do general Patton e com o lema "Hell On Wheels"). Os novos recrutas chegaram a Fort Wood em 29 de março e a mídia recebeu ordens para ir embora. O exército, no entanto, não conseguiu conter o fluxo infinito de cartas que chegavam para o recruta Presley.

À direita: Vernon Presley admira as medalhas de seu filho durante sua primeira licença do exército, em junho de 1958, em Graceland, Memphis, no Tennesse. (Planet News/WPFC)

Na TV, *The Phil Silvers Show*, um *sitcom* do exército, fez uma paródia com "Elvin Pelvin" e a novidade em discos lançados incluíam "All-American Boy", de Bobby Bare, e "Dear 53 310 761", de The Three Teens. Nenhuma chegou aos 40 mais vendidos.

Nos dois meses seguintes, Elvis passou pela instrução básica, que consistia nas ordens de marcha, deveres BC e ouvir gritos. (E se você está se perguntando o que são deveres "BC", quer dizer "Batalhão da Cozinha", isto é, descascar batatas). Isso o fortaleceu e ele não tentou evitar nenhuma das tarefas, ganhando o respeito de seus companheiros, alguns dos quais o tinham insultado na sua chegada. Ele levou tudo a sério e logo foi aceito como apenas mais um soldado – exceto, é claro, pelos fãs. Eles se reuniam em frente à base, na esperança de vê-lo, tentavam telefonar para ele e mandavam biscoitos, que ele, com prazer, repartia com seus companheiros.

Ao fim da instrução básica, Elvis recebeu uma licença de duas semanas. O coronel Parker e Anita Wood foram lá para encontrá-lo. Anita foi ao Texas em alguns fins de semana e ficou na casa de Eddie Fadal em Waco, que Elvis havia conhecido em 1956. Durante essas visitas, costumava tocar piano e cantar com Anita.

Por volta de 1º de junho, Presley, agora na posição de Acting Assistant Leader [líder assistente na ativa], ostentava com orgulho suas medalhas de atirador perito e de precisão para os fãs nos portões de Graceland. Ele parecia bronzeado e em ótima forma. Levou seus pais para assistirem *Balada Sangrenta*, alugou o Fairgrounds e andou de patins.

Em 10 de junho, foi para Nashville, com seu uniforme do exército, para gravar algumas faixas, das quais cinco eram obras-primas, incluindo "A Fool Such As I", "I Need Your Love Tonight" e "I Got Stung", no recém-construído Estúdio B da RCA. A sessão durou das 19 às 5 horas da manhã seguinte e seria sua última sessão pelos dois anos sequentes.

De volta ao Fort Hood, em 14 de junho, Elvis iniciou a instrução avançada em direção de tanques, que durou dez semanas. Ele tinha permissão para morar fora da base e levou seus pais, sua avó e mais dois amigos do Texas. A

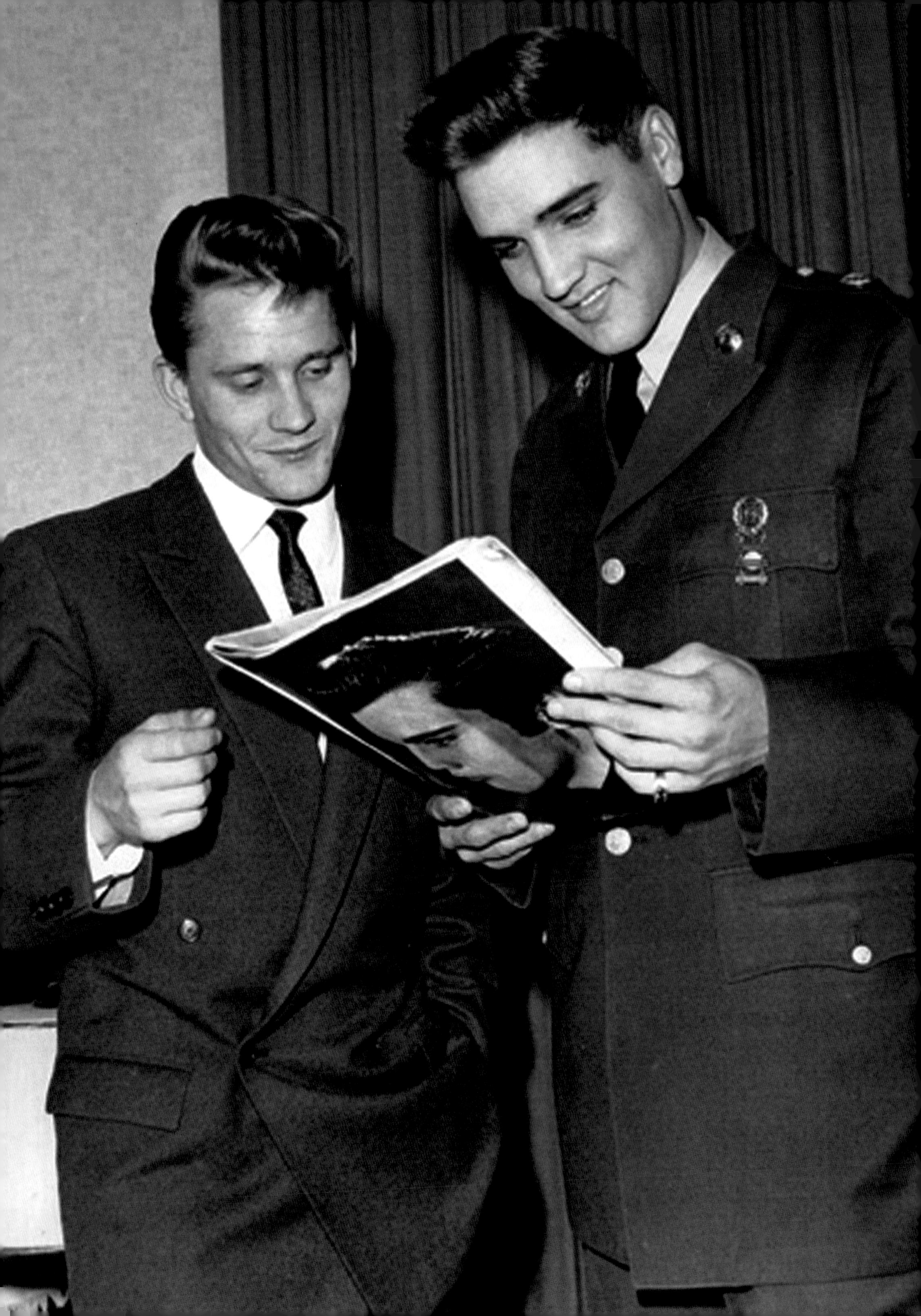

princípio, moraram em um *trailer* e, em seguida, alugaram uma casa em Killeen. Gladys estava com a saúde debilitada e, no início de agosto, foi levada de volta para Graceland e, posteriormente, para o Methodist Hospital. O pedido de licença emergencial de Elvis não foi concedido de imediato e, quando finalmente viajou de avião para casa, encontrou sua mãe gravemente doente. Ele e Vernon ficaram ao lado de sua cama por todo o dia seguinte, voltando para casa para descansar um pouco. Um telefonema na madrugada de 14 de agosto deu a trágica notícia de que Gladys havia falecido em virtude de um ataque cardíaco. Ela tinha apenas 46 anos de idade e havia sido diagnosticada com hepatite.

À esquerda: O cantor sueco de rock'n'roll Little Gerhard com Elvis na Alemanha, em 1959. (Granlund)

Elvis ficou desolado. O esquife de Gladys foi levado para Graceland e centenas de pessoas se reuniram em frente aos portões musicais. Para o funeral na Memphis Funeral Home, em 15 de agosto, os Blackwood Brothers cantaram, e Gladys foi enterrada no Forest Hill Cemetery, cerca de três quilômetros ao norte de Graceland, à beira da Highway 51 South.

UMA HOMENAGEM COMOVENTE

Um silencioso Elvis voltou para Fort Hood em 24 de agosto e, logo depois, soube-se que ele tinha sido encaminhado para o 3rd Armoured Division, na Alemanha, viajando em 22 de setembro. Ele chegou ao Brooklyn Army Terminal após uma viagem de trem que durou três dias. Uma entrevista coletiva foi concedida à imprensa, da qual partes foram gravadas e lançadas em um EP chamado *Elvis Sails*. Isso lhe deu a chance de exaltar seus companheiros soldados, prestar uma homenagem sincera e comovente para sua mãe e se despedir de seus fãs. Sobre Gladys, disse: "Todo mundo ama sua mãe, mas eu era filho único e minha mãe sempre esteve comigo, toda a minha vida. Foi como perder uma amiga, uma companheira, alguém com quem conversar. Eu podia acordá-la a qualquer hora da noite se estivesse preocupado ou perturbado com alguma coisa, e ela se levantaria e tentaria me ajudar". Um tom mais leve foi introduzido quando perguntaram a Elvis sobre sua garota ideal. "Mulher, senhor!", respondeu ele.

O USS *Randall* zarpou e, durante a travessia do Atlântico, Elvis tornou-se amigo de Charlie Hodge e tocou piano em um show para as tropas. Mil e quinhentos fãs da Alemanha foram até o navio de Elvis quando ele ancorou em Bremerhaven, em 1º de outubro. Com suas tropas, viajou para Friedburg de trem e ficou alojado em Ray Barracks. Foi encaminhado para a companhia C, como motorista de jipe.

Vernon Presley, a avó de Elvis e um casal de amigos de Memphis chegaram à Alemanha em 4 de outubro, hospedaram-se temporariamente em um hotel em Bad Homburg e, logo depois, se mudaram para o Park Hotel, em Bad Nauheim, um lindo balneário. Elvis foi autorizado a morar fora da base com eles. Antes do fim do mês, mudaram-se novamente para o Gruenwald Hotel, em Bad Nauheim.

Os fãs nos Estados Unidos não tinham esquecido de Elvis. O lançamento duplo, em outubro, de "One Night"/"I Got Stung" vendeu 1,5 milhão de cópias.

Antes de sair em manobras no início de novembro, Elvis arranjou tempo para ir a dois shows de Bill Haley, um em Frankfurt e outro em Stuttgart. Ele também foi fotografado

Mil e quinhentos fãs da Alemanha foram até o navio de Elvis

com Margit Buergin, de 16 anos de idade, com quem saiu algumas vezes.

As manobras ocorreram perto da fronteira tcheca, em Grafenwohr, durante seis ou sete semanas; nesse ínterim, Elvis foi promovido a soldado de primeira classe. Ele voltou a Bad Nauheim a tempo de passar o Natal com a família em Gruenwald, quando seu pai lhe deu uma guitarra. Dois dias depois, Elvis foi para Frankfurt para assistir ao espetáculo de patinação no gelo *Holiday On Ice*.

"Eu aprendi muito, fiz muitos amigos"

Elvis e a família mudaram-se novamente no início de 1959, dessa vez alugando uma casa de três andares na Goethestrasse, nº 14, em Bad Nauheim, onde permaneceram pelo resto do tempo de serviço militar de Elvis.

Quando Elvis doou sangue para a Cruz Vermelha alemã, em janeiro, a foto correu o mundo. Logo depois, outra foto o mostrava com um rapaz em uma cadeira de rodas, como publicidade para a campanha da March of Dimes.

Houve uma outra ida ao espetáculo *Holiday On Ice*, em fevereiro, seguida por uma viagem a Munique com seus amigos, no início de março, para visitar Tschechowa Vera, uma jovem atriz que ele havia conhecido durante a campanha da March of Dimes. Todos foram ao Moulin Rouge, onde Elvis foi fotografado com todo mundo, desde as dançarinas e *strippers* até a atendente do banheiro!

Outro lançamento duplo aconteceu em março, "A Fool Such As I" e "I Need Your Love Tonight", e as vendas divididas não deram a Elvis o primeiro lugar, tal como havia ocorrido com o

À direita: Elvis com alguns de seus fãs alemães, em 1959. (Tunzi)

MAIS *SEXY*, BEM PAGO E DEMAIS NA ALEMANHA

lançamento anterior. O primeiro lado, com sua abordagem nova e melódica, fez com que Elvis ganhasse muitos novos fãs.

Por volta de junho de 1959, Elvis foi promovido a especialista de quarta classe. Ele foi hospitalizado em Frankfurt com amidalite e passou sua licença de duas semanas, de 13 a 27 de junho, fazendo uma rápida visita a Vera, em Munique, e, em seguida, indo a Paris com alguns amigos. Eles se hospedaram no sofisticado hotel Prince de Galles, passearam pela Champs-Élysées e foram a boates famosas como a Lido e a Folies Bergère (onde, claro, encontraram-se com as dançarinas!). Elvis deu uma entrevista coletiva à imprensa em seu hotel e, por via de regra, desfrutou de seu antigo estilo de vida no *showbiz*. Nos Estados Unidos, seu mais recente *single*, "A Big Hunk O' Love", reconduzira-o ao primeiro lugar das paradas de sucesso.

Hal Wallis e uma equipe de filmagem chegaram à Alemanha em agosto para filmar o cenário da locação para o primeiro filme de Elvis após o exército. Elvis não participou da filmagem; um dublê foi utilizado.

PRISCILLA ENTRA EM CENA

Um acontecimento significativo ocorreu em setembro. Priscilla Beaulieu, recém-chegada à Alemanha com sua mãe e seu padrasto da força aérea, foi até a Goethestrasse, nº 14, para conhecer Elvis. Ele ficou imediatamente encantado por ela, que começou a visitá-lo regularmente. Outros frequentadores da casa eram Charlie Hodge e Joe Esposito, um outro amigo.

Houve mais manobras, dessa vez em Wildflecken, perto da fronteira com a Suíça, em outubro. No mesmo mês, ele foi hospitalizado novamente em Frankfurt com amidalite. Em dezembro, começou a fazer aulas de caratê com Jurgen Seydel, duas vezes por semana, tendo início um fascínio pela arte marcial que durou toda a vida. Embora ainda mantivesse contato com Anita Wood, Elvis convidou Priscilla para sua festa de Natal em Goethestrasse. Ao longo do ano, a casa havia se tornado uma Meca para os fãs que a visitavam, muitos dos quais tiveram a oportunidade de encontrar Elvis quando ele chegava em casa do quartel a cada dia.

Na licença de janeiro de 1960, Elvis e os amigos foram novamente a Paris, onde ficaram no Prince de Galles e voltaram a visitar as casas noturnas favoritas. Jurgen Seydel acompanhou Elvis e o levou para conhecer o professor japonês de caratê Tetsuji Murakami. Elvis foi promovido a segundo-sargento três dias depois de seu retorno a Friedburg, em 20 de janeiro. Houve mais manobras em Grafenwohr, sob condições de inverno. Em seu retorno, tornou-se primeiro-sargento e vestiu as faixas. Restavam apenas alguns dias para o término do seu serviço militar.

A essa altura, a RCA tinha esgotado o material gravado. Eles colocaram em circulação álbuns de coletânea, entre os quais *Elvis's Golden Records Volume 1,* que venderia muito a longo prazo. Enquanto estava na Alemanha, Elvis havia feito algumas gravações particulares em casa em um gravador, como de "I'm Beginning To Forget You" e "Earth Angel". Nos Estados Unidos, o coronel Parker fazia planos e negociava contratos, preparando-se para o retorno de Elvis ao *show business*.

Em 1º de março, o Exército concedeu uma entrevista coletiva à imprensa e o interesse da mídia foi enorme. Elvis disse a um entrevistador sobre sua experiência no Exército: "Eu aprendi muito, fiz muitos amigos que nunca teria feito de outra forma, e tive muitas experiências boas e algumas ruins, claro. É bom levar uma vida dura, se testar, para ver se você é capaz".

Na tarde seguinte, Elvis se despediu de Priscilla, embarcou em um avião de transporte militar em Frankfurt e voou para casa, fazendo uma breve escala em Prestwick, na Escócia, a única vez em que ele pisaria nas Ilhas Britânicas, onde alguns fãs sortudos conseguiram encontrá-lo. Ele chegou à McGuire Air Force Base em 3 de março e, nas proximidades, em Fort Dix, New Jersey, parecia relaxado e muito bonito ao enfrentar mais uma coletiva de imprensa. Ao ser perguntado se estava apreensivo sobre seu retorno, respondeu: "Sim, estou. Tenho minhas inseguranças (...) A única coisa que posso dizer é que vou tentar. Eu estarei lá, lutando".

Após a sua dispensa definitiva em 5 de março, Elvis, com o coronel a seu lado, embarcou em um vagão de trem particular em Washington, no dia seguinte. O trem, o *Tennessean,* não era nenhum mistério. Estava levando Elvis para casa, em Memphis.

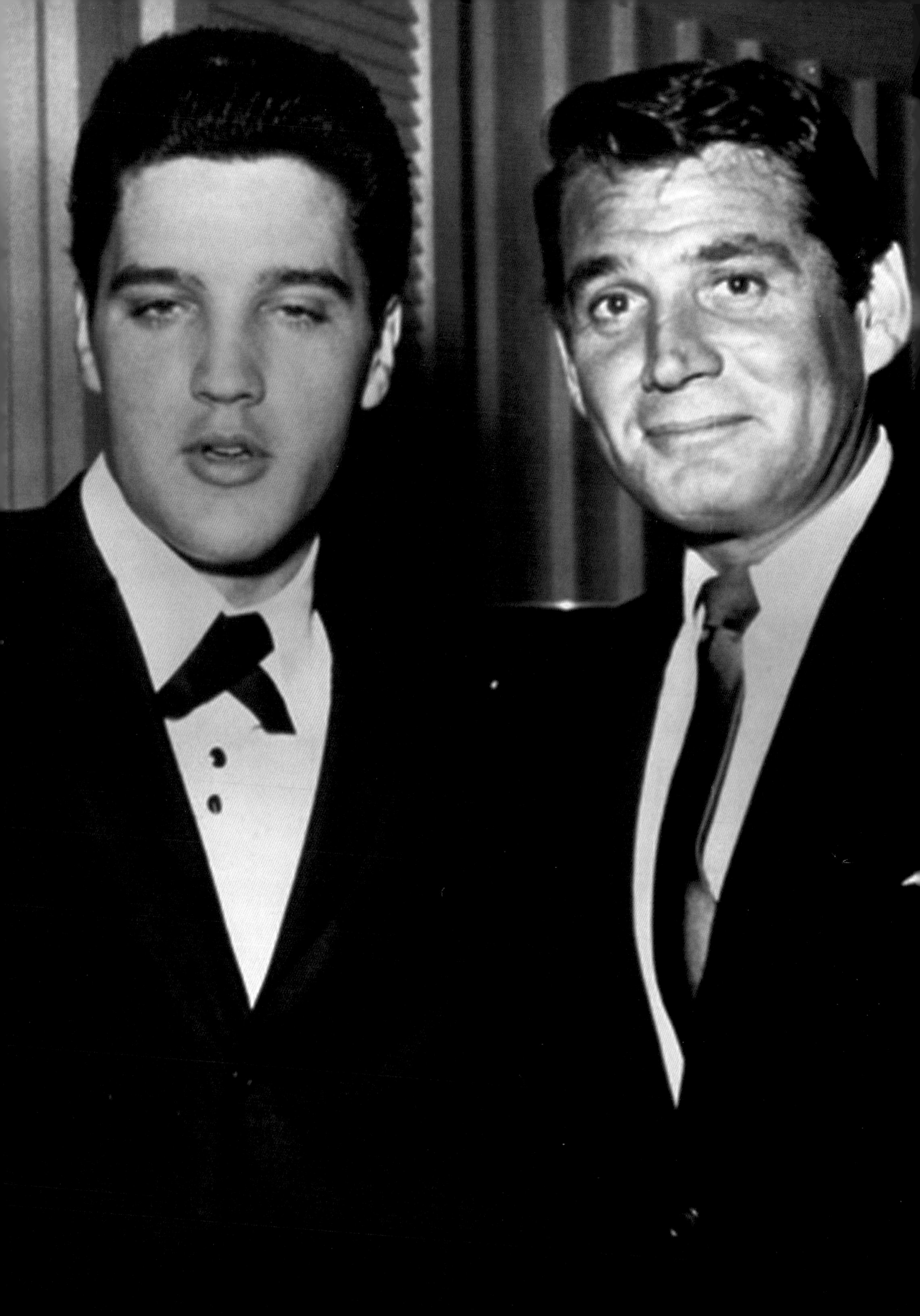

CAPÍTULO 7

UM HOMEM DO POVO E UMA ESTRELA PARA O POVO

Ao chegar em Memphis, em 7 de março, Elvis cumprimentou os fãs que o esperavam e não perdeu tempo para ir para casa. Graceland nunca mais seria a mesma depois que sua mãe faleceu, mas, em uma entrevista coletiva à imprensa realizada em um prédio de escritórios atrás da casa, naquela tarde, ele disse que não tinha planos de deixar Memphis. "Eu vou manter Graceland enquanto puder", acrescentou ele. Negou rumores sobre Priscilla: "Houve uma garota que eu via com frequência por lá (...) ela estava no aeroporto quando parti e havia algumas fotos com ela. Mas não foi nenhum grande romance". Perguntado sobre seus planos futuros, ele disse: "A primeira coisa que tenho de fazer é gravar algumas músicas. Depois, tenho o programa de televisão com Frank Sinatra. E depois, o filme com o sr. Wallis. E depois, dois filmes com a 20th Century Fox. E depois, só Deus sabe!".

Antes que pudesse iniciar qualquer um desses projetos, Elvis teve alguns dias para relaxar em Graceland, acostumar-se a ser um civil novamente e rever velhos amigos, como Anita Wood. No local do sepultamento de Gladys, tinha sido erguido um belo monumento e uma lápide com a inscrição: "Ela era a luz

À esquerda: O astro da série de TV Burke's Law, *Gene Barry, encontra-se com Elvis no Sahara Hotel, em Las Vegas, em julho de 1960. (Tunzi)*

> **Graceland nunca mais seria a mesma depois que sua mãe faleceu**

de nossa casa". A floricultura Burke's Florist, nas proximidades, tinha instruções para colocar arranjos de flores vermelhas e brancas toda semana.

O espetáculo *Holiday On Ice* se apresentou em Memphis no mês de março, e Elvis não só foi vê-lo novamente como também convidou os patinadores que havia conhecido na Alemanha para irem a Graceland. Ele começou a

OS ARQUIVOS DE ELVIS

Acima: Em 1960, o superastro de curta-metragens, Ed Byrnes, que fez o papel de Kookie na série de TV 77 Sunset Strip, com Elvis no set de Saudades de um Pracinha. (Paramount/Granlund)

ir às sessões de cinema à meia-noite no Memphian e a levar seus amigos, incluindo os ex-companheiros do exército Charlie Hodge e Joe Esposito, ao Rainbow Rollerdrome.

Ele voltou ao trabalho em 20 de março. Em grande sigilo, trabalhando das 20 horas às 7 horas da manhã seguinte, Elvis fez uma sessão de gravação no Studio B, em Nashville. Scotty e D. J. estavam lá; a essa altura, Bill Black tinha sua própria banda de sucesso, a Bill Black's Combo. Nessa e em futuras sessões, músicos como Hank Garland, Boots Randolph, Floyd Cramer, Harmon Buddy e outros ajudariam a criar o estilo musical "Nashville sound".

Havia uma necessidade urgente de um novo *single* e a faixa escolhida foi "Stuck On You". No entanto, a melhor faixa gravada na sessão era "A Mess Of Blues". O engenheiro de som Bill Porter trabalhava com Elvis em uma sessão pela primeira vez. Com "Stuck On You" de um lado e a balada "Fame And Fortune" do outro, o *single* foi lançado em três dias e levou Elvis de volta ao primeiro lugar.

De Nashville, Elvis foi para Miami de trem em um vagão privativo, cumprimentando os fãs nas paradas ao longo do trajeto. Com uma pequena comitiva, ele ficou no Fontainebleu Hotel, na Collins Avenue, e iniciou os ensaios para o programa de Frank Sinatra, *Welcome Home Elvis*. A gravação efetiva ocorreu em 26 de março. Elvis usou seu uniforme do exército na abertura do programa, quando recebeu as boas-vindas de Frank Sinatra, sua filha Nancy, Sammy Davis Junior e Peter Lawford. Após trocar o uniforme do exército por um elegante *smoking*, apresentou os dois lados de seu novo disco e cantou "Witchcraft" e "Love Me Tender" em dueto com Frank Sinatra.

ELVIS IMPRESSO

Em 1960, os fãs de Presley puderam comprar o primeiro livro sobre Elvis, *Operation Elvis,* do jornalista Alan Levy, e *The Elvis Presley Story* também chegou às bancas de jornal.

Elvis está de volta... isso era verdade em todos os sentidos

Eram necessárias faixas para um novo álbum; por isso, Elvis voltou ao Studio B em 3 de abril e, em uma sessão realmente produtiva durante a noite, gravou uma dezena de canções, entre as quais "Fever", "Such A Night", dois blues fabulosos "Like A Baby" e "Reconsider Baby", e mais duas canções que mudariam a sua imagem e venderiam cerca de 1 milhão de cópias, "It's Now Or Never" e "Are You Lonesome Tonight". O álbum, lançado logo após,

Acima: Frank Sinatra e Elvis ensaiam no Fontainebleu Hotel, em Miami Beach, para o programa de TV Welcome Home Elvis, *em março de 1960. (Tunzi)*

chamava-se *Elvis Is Back* [Elvis está de volta], o que era verdade em todos os sentidos. Foi um dos seus melhores álbuns, ainda que as vendas não tenham sido espetaculares.

Hollywood acenou e Elvis, com o cabelo tingido de preto novamente após o serviço militar, levou vários amigos consigo no trem, entre os quais Charlie Hodge e Joe Esposito. Eles ficaram em uma suíte no Beverly Wilshire.

O filme para o qual Hal Wallis havia feito a filmagem da locação na Alemanha, no verão anterior, era *Saudades de um Pracinha*. Em 21 de abril, Elvis estava na Paramount para os ensaios, ansioso e muito interessado em conhecer sua colega de elenco, a dançarina criada na África do Sul Juliet Prowse, e seu novo diretor, Norman Taurog, que dirigiria vários filmes futuros com Presley.

A trilha sonora foi gravada em duas sessões: a primeira no estúdio da RCA, na Sunset Boulevard, e a segunda na Radio Recorders, onde Elvis se sentia mais à vontade. Scotty e D. J. (além de The Jordanaires, que estiveram em todas as sessões de Elvis) juntaram-se a Dudley Brooks e Timbrell Tiny, músicos contratados da West Coast. As canções de Leiber e Stoller não foram mais escolhidas – o resultado de um acordo de direitos de distribuição que eles se recusaram a aceitar – e Elvis não ficou satisfeito com algumas das canções que recebeu. No

Acima: Visitantes reais no set *de* Saudades de um Pracinha, *em 10 de março de 1960. O rei Mahrenda Bir Bihram Shah Deva, do Nepal, é cumprimentado por Elvis. Sua esposa, a rainha Rajya Shah Lakshmi, está sentada. (Camera Press/EPFC)*

entanto, a trilha sonora tinha algum material bom, como "Frankfort Special", para cantar junto, e a bela "Pocketful Of Rainbows", além de uma canção alemã em ostinato, "Wooden Heart", que alcançaria o primeiro lugar nas paradas britânicas.

Saudades de um Pracinha era alegre e permitiu que Elvis mostrasse o seu *timing* cômico, mas as aventuras dos soldados norte-americanos na Alemanha Ocidental não se assemelhavam muito ao seu serviço militar. Grande parte da comédia concentrava-se em torno de um serviço de babá que o seu personagem, Tulsa McClean, tinha de fazer. (Três pares de gêmeos fizeram o papel do bebê Tiger.) Juliet e Elvis tiveram uma boa química na tela, e Robert Ivers, como Cooky, companheiro de Tulsa, foi bem escolhido para o elenco. As cenas de fundo gravadas na Alemanha deram autenticidade ao filme, que se mostrou bastante popular com o público em seu lançamento antes do Natal.

Em 12 de maio, a ABC-TV exibiu o programa *Welcome Home Elvis* e obteve grande audiência, prova de que Elvis não tinha perdido em nada sua popularidade.

Quando não estava no *set* de filmagens, Elvis ia às boates de Hollywood para ver artistas como Bobby Darin e Sammy Davis Junior, e, em vários fim de semana, foi a Las Vegas para ver

Acima: As princesas Margarida da Dinamarca, Astrid da Noruega e Margarida da Suécia com Elvis no set de Saudades de um Pracinha, em 4 de junho de 1960. (Tunzi/EPFC)

mais shows de seus artistas favoritos, como Della Reese e Billy Ward. Ele continuaria a fazer isso ao longo da era cinematográfica de 1960.

A filmagem e a edição de *Saudades de um Pracinha* foram concluídas no final de junho e Elvis voltou para casa, em Memphis. Em 3 de julho, Vernon casou-se com Davada (Dee) Stanley, uma mulher divorciada que ele havia conhecido na Alemanha, mas Elvis boicotou o casamento em Huntsville, no Alabama. Ele disse a um repórter do *Memphis Scimitar-Press* um ou dois dias mais tarde: "Eu tive apenas uma mãe, e isso é tudo. Nunca haverá outra. Desde que ela entenda isso, não teremos problema algum". Ele prometeu ficar ao lado de Vernon e disse: "Ele é tudo que me resta no mundo". E, sendo quem era, deu um monte de brinquedos para os três filhos pequenos de Dee.

"It's Now Or Never" foi lançada em 5 de julho, subiu ao primeiro lugar, vendeu excepcionalmente bem em muitos países e ganhou discos de ouro. Depois que uma proibição temporária do Reino Unido por razões de direitos autorais foi suspensa, o disco subiu direto para o primeiro lugar, permanecendo no topo por oito semanas e dando a Elvis o seu primeiro disco de ouro no Reino Unido.

> **No início dos anos 1960, havia uma inocência maravilhosa na voz de Elvis**

Antes de partir para Hollywood e para seu próximo filme, Elvis recebeu sua faixa preta de caratê.

Os outros dois filmes de Elvis de 1960 eram da 20th Century Fox e, em ambos, o drama superava o conteúdo musical. O primeiro a ser rodado foi *Estrela de Fogo*, baseado no excelente romance de Clair Huffaker, *Flaming Lance*. Como o mestiço Pacer Burton, preso entre os colonos brancos e os índios Kiowa, Elvis teve uma interpretação comovente e foi habilmente apoiado pelos veteranos John McIntire e Dolores Del Rio, que representavam seus pais no casamento misto. A imagem poderosa de Pacer, com um ferimento fatal, andando em direção à sua "estrela flamejante da morte" formou a cena final do filme e era possível esquecer que era Elvis Presley lá na tela. O filme, rodado entre agosto e outubro, incluía quatro canções, apesar de duas terem sido cortadas antes do lançamento no mercado.

O segundo filme da Fox, rodado entre novembro de 1960 e janeiro de 1961, também foi adaptado de um romance, o brilhante primeiro livro de J. R. Salamanca, *The Lost Country*. Na tela, o título virou *Coração Rebelde* e o papel de Elvis era o de um escritor principiante, Glenn Tyler, que se envolvia com três mulheres e tinha problemas com a lei. Millie Perkins, Tuesday Weld e Hope Lange interpretaram os três interesses amorosos, muito diferentes uma da outra. Elvis fez uma atuação esplêndida e cantou apenas algumas canções. O filme foi parcialmente rodado na locação da vinícola Napa Valley, no norte da Califórnia. Esses dramas da Fox, porém, não foram tão bem de bilheteria como *Saudades de um Pracinha* tinha sido.

Elvis tornou-se o orgulhoso dono de um Rolls Royce Silver Cloud preto em setembro, o mesmo mês em que alugou sua primeira casa em Los Angeles. O Beverly Wilshire não estava interessado no comportamento animado de Elvis e de seu séquito. Por isso, ele e os amigos mudaram-se para Perugia Way, nº 525, em Bel Air.

Entre um filme e outro, Elvis voltou para sua casa em Memphis e viajou para Nashville, em 30 de outubro, para uma sessão de gravação no Studio B. Em uma maratona das 18h30 até às 8 horas do dia seguinte, ele gravou 14 obras-primas, a maior parte das quais se destinava ao seu primeiro álbum religioso, o belo e sincero *His Hand In Mine*. "Surrender", a única canção secular gravada, seguia o estilo latino de "It's Now Or Never".

O álbum *G.I. Blues* [trilha sonora de *Saudades de um Pracinha*], lançado no outono, chegou ao primeiro lugar, com excelentes vendas, e "Are You Lonesome Tonight" foi outro *single* que alcançou o primeiro lugar, vendendo mais de 2 milhões de cópias após seu lançamento em novembro. *His Hand In Mine*, também lançado em novembro, chegou ao 13º lugar. As canções variavam entre hinos como "In My Father's House" e melodias com palmas como "Working On The Building". "Milky White Way" foi, sem dúvida, incluída como uma homenagem a Gladys Presley.

O Natal de 1960 foi passado em Graceland e deve ter trazido à tona para Elvis as lembranças do Natal de três anos antes, quando sua mãe estava por perto para desfrutar de todas as celebrações dessa época.

De volta a Hollywood, em 2 de janeiro de 1961, para concluir as filmagens de *Coração Selvagem*, Elvis retornou a Memphis lá pelo fim do mês, mas foi chamado de volta em poucos dias para gravar um novo final, mais suave, para o filme.

AMARRADO AOS FILMES

Em 25 de fevereiro, o "Elvis Presley Day" foi decretado pelo governador do Tennessee, Buford Ellington, e pelo prefeito de Memphis, Henry

Loeb. Duzentos e vinte e cinco convidados participaram de um almoço, que custava 100 dólares o convite, no Claridge Hotel ao meio-dia, onde Elvis recebeu um prêmio da RCA por 75 milhões de cópias vendidas mais tarde, em uma entrevista coletiva à imprensa, alguém perguntou por que ele não estava mais na TV. "Por causa dos contratos dos filmes", respondeu. "Estou muito amarrado aos filmes agora e muita televisão pode prejudicar um pouco os filmes." Havia mais de três anos desde que Elvis havia feito seu último show no palco; ele estava nervoso? "Sim, senhor. Não me importo em admitir que estou. Mas quando participei do programa de Frank Sinatra, na Flórida, eu não estava nervoso, estava petrificado. Estava apavorado!" Perguntado sobre quantos discos de ouro tinha, respondeu: "34".

Mais tarde, naquele dia, Elvis fez seus primeiros shows no palco desde o último, em 1957, no Ellis Auditorium, com o apoio de Scotty, D. J., Floyd Cramer, Randolph Boots e The Jordanaires, além da Larry Owens Orchestra. Houve uma matinê e um espetáculo à noite. Elvis, de *smoking* branco e calças pretas, cantou músicas como "'Heartbreak Hotel", "Love Me", "A Fool Such As I", "One Night", "Doin' The Best I Can", além do seu sucesso mais recente, "Surrender", e encerrando com "Hound Dog". Um grande número de instituições de caridade de Memphis e o Elvis Youth Centre, em Tupelo, beneficiaram-se com os 51.612 dólares levantados.

Em 8 de março, dirigindo seu Rolls Royce, Elvis foi para Nashville e, em uma rara aparição pública, dirigiu-se à câmara dos deputados no Tennessee para receber um diploma do governador Ellington, que o tornava coronel honorário. Em seu discurso de agradecimento, ele disse que aquela era uma das maiores honras que já havia tido em toda a sua carreira e prometeu nunca trocar o Tennessee por Hollywood.

No início dos anos 1960, havia uma inocência maravilhosa na voz de Elvis, que foi demonstrada em uma sessão de gravação no Studio B, em 12 de março, com a perfeição em músicas como "Gently", "It's A Sin" e "Starting Today". Esta última foi escrita por Don Robertson e Floyd Cramer, com a singular *slip-note* de piano de Don, também presente em outras composições suas que Elvis gravou. Houve alguns extraordinários números animados que também foram gravados nessa sessão, cujos mais notáveis incluíam "Judy" e "I'm Comin' Home". A sessão produziu material para o álbum *Something For Everybody,* que chegaria ao topo das paradas no verão.

Apenas alguns dias depois dessa sessão, Elvis foi para Hollywood a fim de gravar as músicas para seu filme seguinte com a Paramount, *Feitiço Havaiano*. Inevitavelmente, a trilha sonora teve um gostinho havaiano, com melodias encantadoras como "Aloha Oe", "Hawaiian Wedding Song", "No More" e "Blue Hawaii". A canção mais importante gravada foi a balada "Can't Help Falling In Love".

Em 25 de março, Elvis voou para Honolulu, via Panam (dizendo à imprensa no aeroporto que tiraria todos os colares do pescoço para poder andar!), e deu uma entrevista coletiva no Hawaiian Village Hotel para a mídia e para os correspondentes de jornais de escolas de ensino médio locais; além disso, recebeu mais prêmios. Naquela noite, 6 mil fãs assistiram a Elvis no palco do Bloch Arena. O paletó dourado tinha saído do armário. No que seria sua última aparição ao vivo por mais de oito anos, Elvis cantou 15 músicas, entre as quais "Reconsider Baby", "Swing Down Sweet Chariot" e muitos de seus maiores sucessos. O show, mais um ato de caridade, levantou mais de 62 mil dólares para o memorial do USS *Arizona*, em Pearl Harbour.

OS ARQUIVOS DE ELVIS

Acima: Steve Forrest, Barbara Eden e Elvis no set de Estrela de Fogo *em 1960. (FOX)*

À direita: O coreógrafo Charlie O'Curran (que foi, por um tempo, casado com Patti Page, a cantora favorita de Gladys Presley) é visto aqui com Elvis no set de Feitiço Havaiano. *(EPFC)*

ELVIS: HERÓI OU VILÃO

Em 1957, uma fanzine chamada *Elvis Presley, Hero or Heel* [Elvis Presley: Herói ou Vilão] tinha sido publicada. Em 1961, poucas pessoas se atreveriam a chamar Elvis de vilão após seus trabalhos de caridade, para não mencionar sua ficha exemplar no exército.

Dois dias depois do show beneficente, começaram as filmagens de *Feitiço Havaiano*. As principais estrelas coadjuvantes eram Joan Blackman, como a namorada havaiana de Elvis, e Angela Lansbury, nascida em Londres, como sua mãe, mesmo sendo, na verdade, apenas nove anos mais velha que ele! No papel do guia turístico Chad Gates, Elvis levou a cabo uma história alegre, que mostrava a beleza da paisagem das ilhas de Oahu e Kauai, e ele estava bem, na aparência e na música, muito bem, de verdade. O sucesso de bilheteria de *Feitiço Havaiano* foi tão excepcional que estabeleceu um padrão inalcançável para muitos dos filmes que se seguiram.

Enquanto filmava, Elvis descobriu o romântico resort Coco Palms Hotel, em Kauai. Várias cenas foram gravadas lá, como a divertida sequência final com "Hawaiian Wedding Song"; era um lugar para o qual ele voltaria em férias no futuro.

Quando o filme foi concluído, Elvis voltou para o Tennessee. No Studio B, em 25 de junho, gravou diversas músicas, entre as quais "His Latest Flame" e "Little Sister", ambas compostas por Doc Pomus e Mort Shuman, que escreveriam muitas ótimas canções para Elvis. Uma semana depois, no mesmo estúdio,

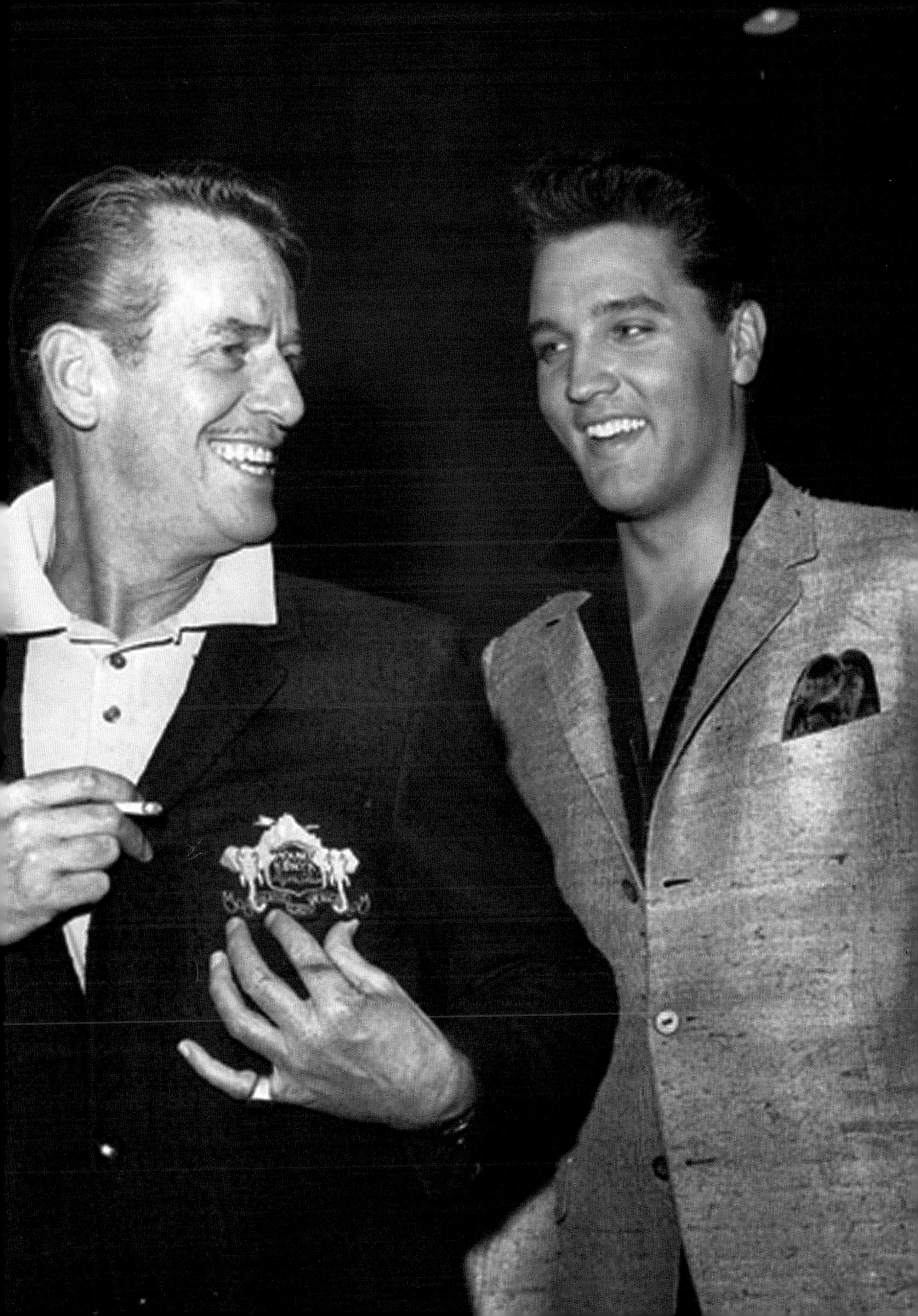

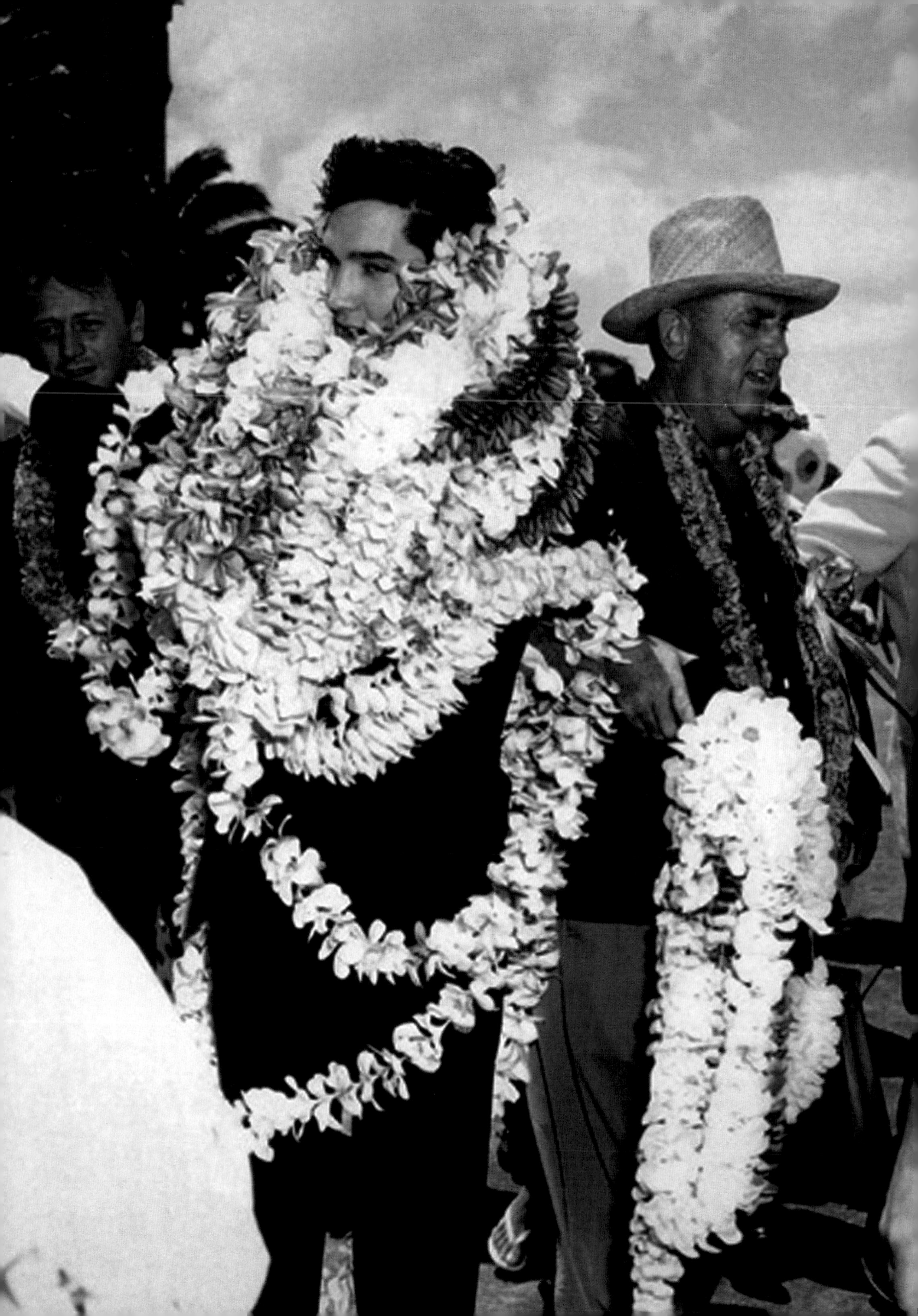

À direita: O boxeador Rocky Graziano (direita) encontra Elvis no set de Feitiço Havaiano, *na Paramount, em 1961. (Granlund)*
À esquerda: "A primeira coisa que vou fazer é tirar esses colares do pescoço para que eu possa andar!", brincou Elvis ao chegar ao aeroporto de Honolulu, em 25 de março de 1961. (Tunzi)

gravou a trilha sonora para seu filme seguinte, *Em Cada Sonho Um Amor*. Foi incluída uma bonita balada, "Angel", escrita por outra dupla criativa, Sid Tepper e Roy Bennett.

Em Cada Sonho Um Amor foi rodado em locações na Flórida, no verão, pela United Artists. Elvis foi beneficiado pelos talentos de peso do ator Arthur O'Connell e de Anne Helm, que foi a principal estrela feminina. Em seu papel como o não muito brilhante Toby Kwimper, Elvis pôde revelar suas habilidades cômicas e dramáticas. O filme, um dos melhores de Elvis, foi adaptado do hilariante romance *Pioneer Go Home*, de Richard Powell, que conta a história de uma família de posseiros que enfrenta a mesquinhez

Ele estava bem, na aparência e na música, muito bem, de verdade.

Abaixo: Durante um intervalo das filmagens de Em Cada Sonho Um Amor, *na Flórida, Elvis e Red West demonstram suas habilidades de caratê. West faz o papel de um guarda no filme. (Tunzi)*

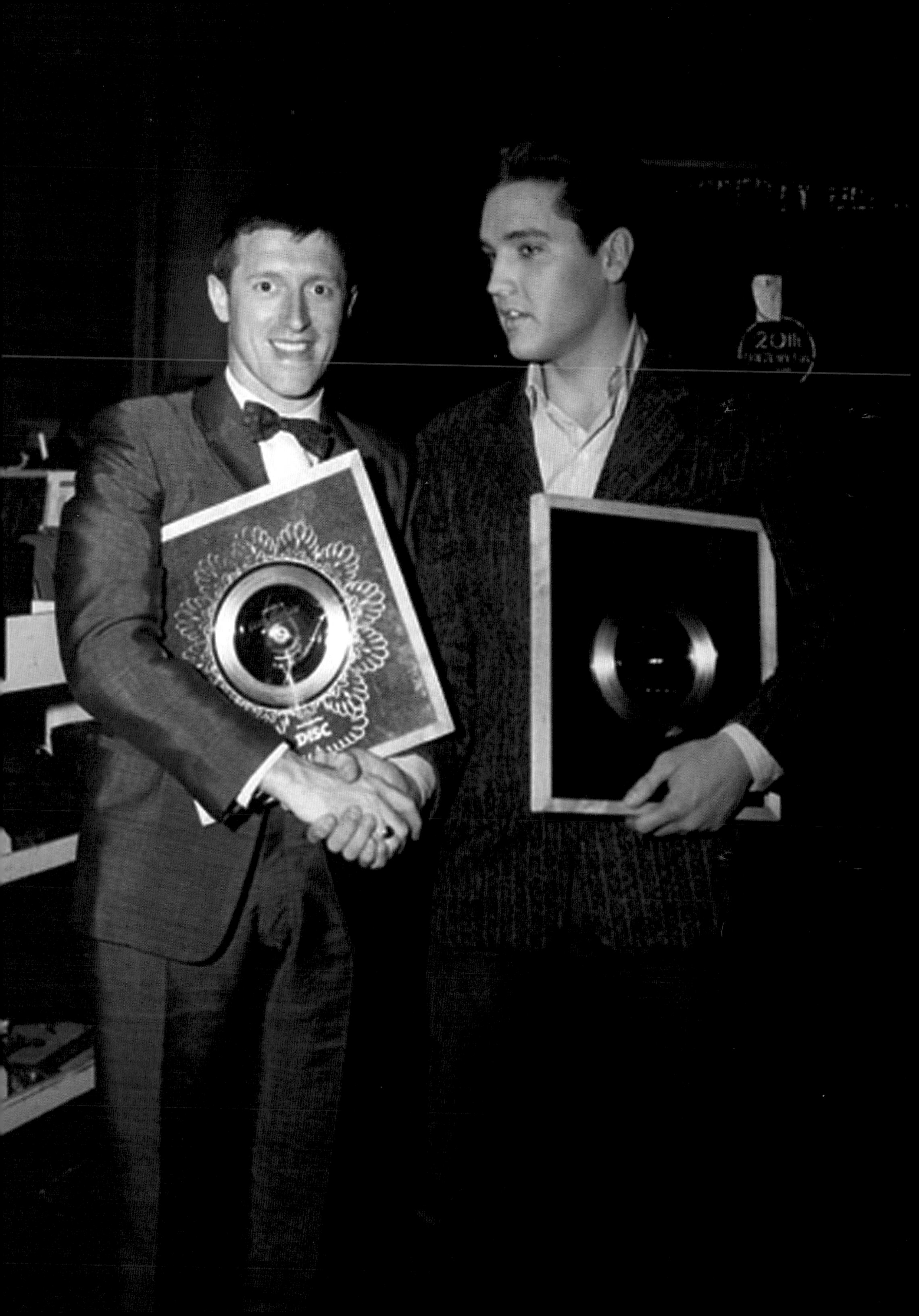
20th
DISC

UM HOMEM DO POVO E UMA ESTRELA PARA O POVO

À esquerda: O radialista britânico Jimmy Savile encontra seu ídolo, Elvis Presley, pela primeira vez em 1961, no palco número 4, nos estúdios da Fox, durante as filmagens de *Coração Selvagem,* presenteando Elvis com um disco de ouro pela venda de 1 milhão de cópias, na Inglaterra, do single "It's Now Or Never". *(sir Jimmy Savile OBE KCSG)*

Abaixo e à direita: Bobby Darin se une a Elvis em Las Vegas para a noite de abertura do show de George Burns, no Sahara Hotel & Casino, em julho de 1960. *(Granlund)*
Acima: Brenda Lee visita Elvis Presley no set *de Coração Selvagem, em 1961. (Fox/ Granlund)*
Acima à direita: Pat Boone visita Elvis no set *de Coração Selvagem, em 1960. (Granlund)*

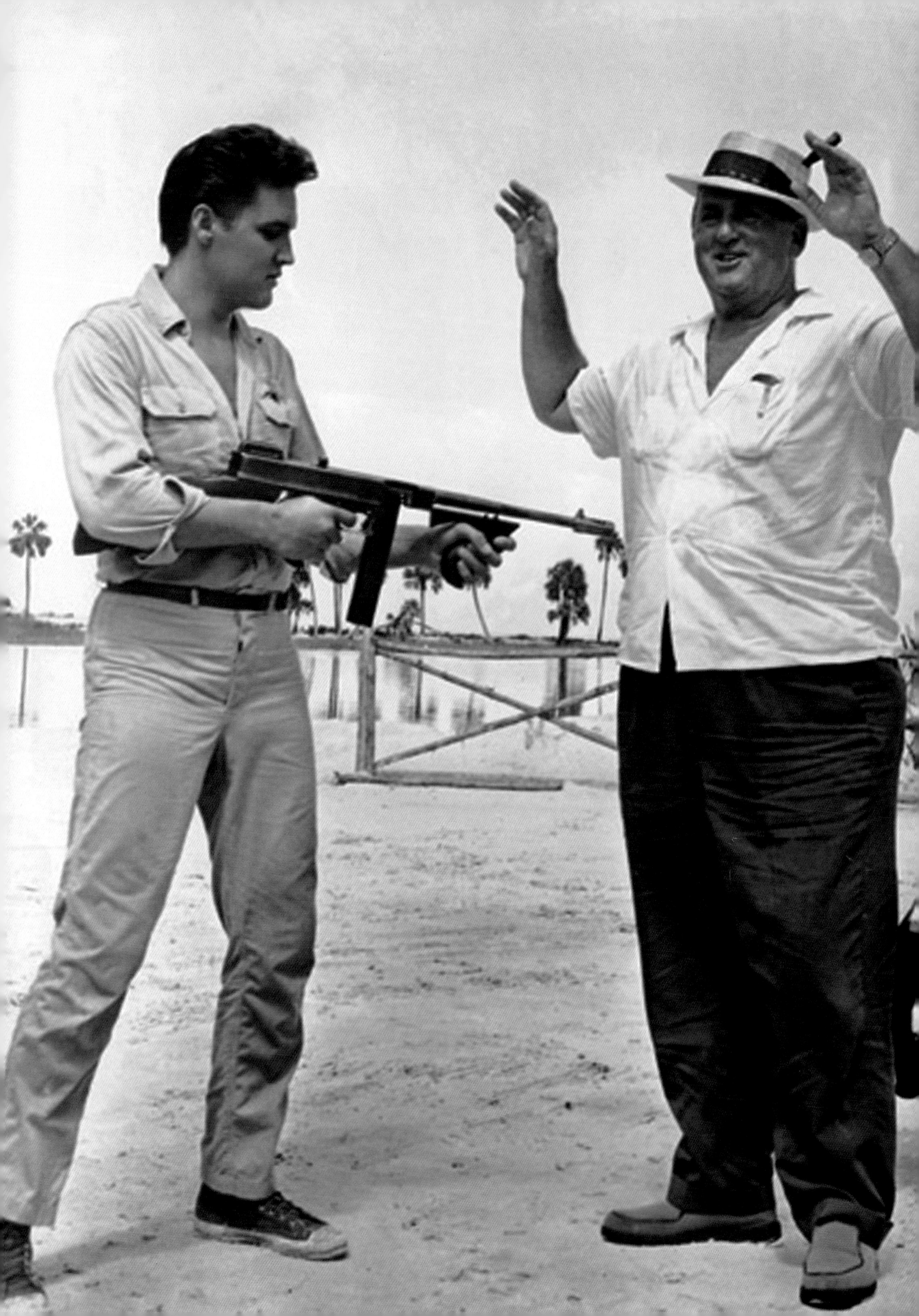

Acima: O editor Albert Hand, da fanzine Elvis Monthly, *mostra algumas das revistas a Elvis no set de* Talhado para Campeão, *em 1961. (EPFC)*
À esquerda: Elvis e o coronel Parker no set do filme Em Cada Sonho um Amor *(Warner/MGM)*

do governo e levam a melhor. As poucas canções foram suplementares ao enredo e os cabelos de Elvis ficaram na sua cor natural nesse filme.

O filme foi concluído em Hollywood em agosto, e Elvis passou as semanas seguintes se deslocando entre Memphis e Las Vegas. "His Latest Flame" e "Little Sister" foram lançadas em agosto, mas as vendas divididas impediram um primeiro lugar. O disco com a trilha sonora do filme *Feitiço Havaiano* foi lançado em outubro e chegou ao topo das paradas de álbuns, desfrutando vendas sólidas a longo prazo. Uma sessão no Studio B, em 5 de outubro, foi marcada pela gravação de uma primorosa balada de Don Robertson, "I Met Her Today", e pelo futuro e cativante sucesso "Good Luck Charm". Em seguida, foi para Hollywood mais uma vez, onde, com seu séquito habitual, Elvis foi acompanhado por seu novo animal de estimação, um chimpanzé travesso chamado Scatter.

O filme de boxe *Talhado para Campeão*, baseado em um romance de Francis Wallace, foi o segundo filme de Elvis para a United Artists.

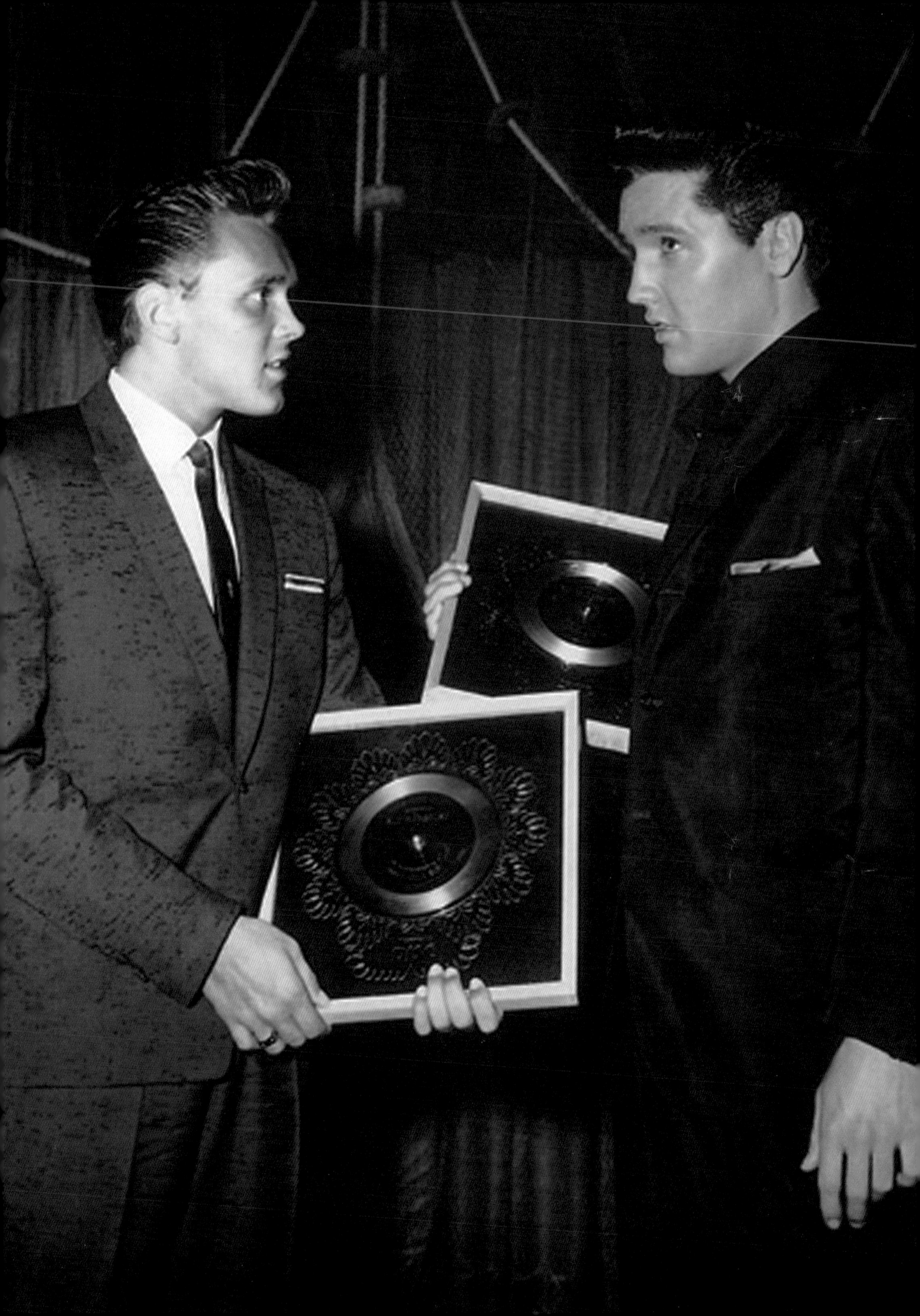

Acima: O editor Albert Hand, da fanzine Elvis Monthly, *mostra algumas das revistas a Elvis no set de* Talhado para Campeão, *em 1961. (EPFC)*
À esquerda: O britânico Billy Fury entrega os prêmios de disco de prata a Elvis no set de Garotas, Garotas e Mais Garotas, *em 1962.*

Seus cabelos ficaram mais uma vez na cor natural. Joan Blackman voltou a atuar com Elvis, na companhia de Gig Young, Charles Bronson e Lola Albright. O filme tinha algumas canções, mas era bastante dramático e, nele, Elvis interpretou, de forma digna de mérito, um relutante pugilista com um nocaute fatal. Algumas cenas foram filmadas no outono de Idyllwild, na Califórnia, onde ele teve de enfrentar um tempo muito frio.

Ele era mais que um simples cantor de rock'n'roll

Após voltar ao conforto dos estúdios de Hollywood, em 21 de novembro, ele mudou de endereço, trocando temporariamente a casa em Perugia Way por outra alugada na Bellagio Road, nº 10.539, em Bel Air.

Feitiço Havaiano chegou aos cinemas antes do fim de novembro e provou ser um grande sucesso, enquanto um novo *single*, "Can't Help Falling In Love", deixou escapar o primeiro lugar nos Estados Unidos. No Reino Unido, Elvis teve uma sequência sem precedentes de primeiros lugares no início dos anos 1960: dez músicas no topo das paradas de sucesso entre novembro de 1960 e julho de 1963.

As filmagens de *Talhado para Campeão* foram concluídas antes do Natal, mas Elvis não voltou a Graceland, onde Vernon, sua nova esposa e os três filhos estavam morando. Em vez disso, foi para Las Vegas e passou o Natal no Sahara Hotel. Antes do fim de dezembro, Vernon se mudou para uma nova casa na Hermitage Drive, não muito longe de Graceland.

O ano de 1961 foi um dos anos de maior sucesso para Elvis; ele havia consolidado sua fama e tinha um enorme número de fãs. Provou que podia adaptar seu estilo, que era mais do que um simples cantor de rock'n'roll.

No entanto, a bolha estava prestes a estourar...

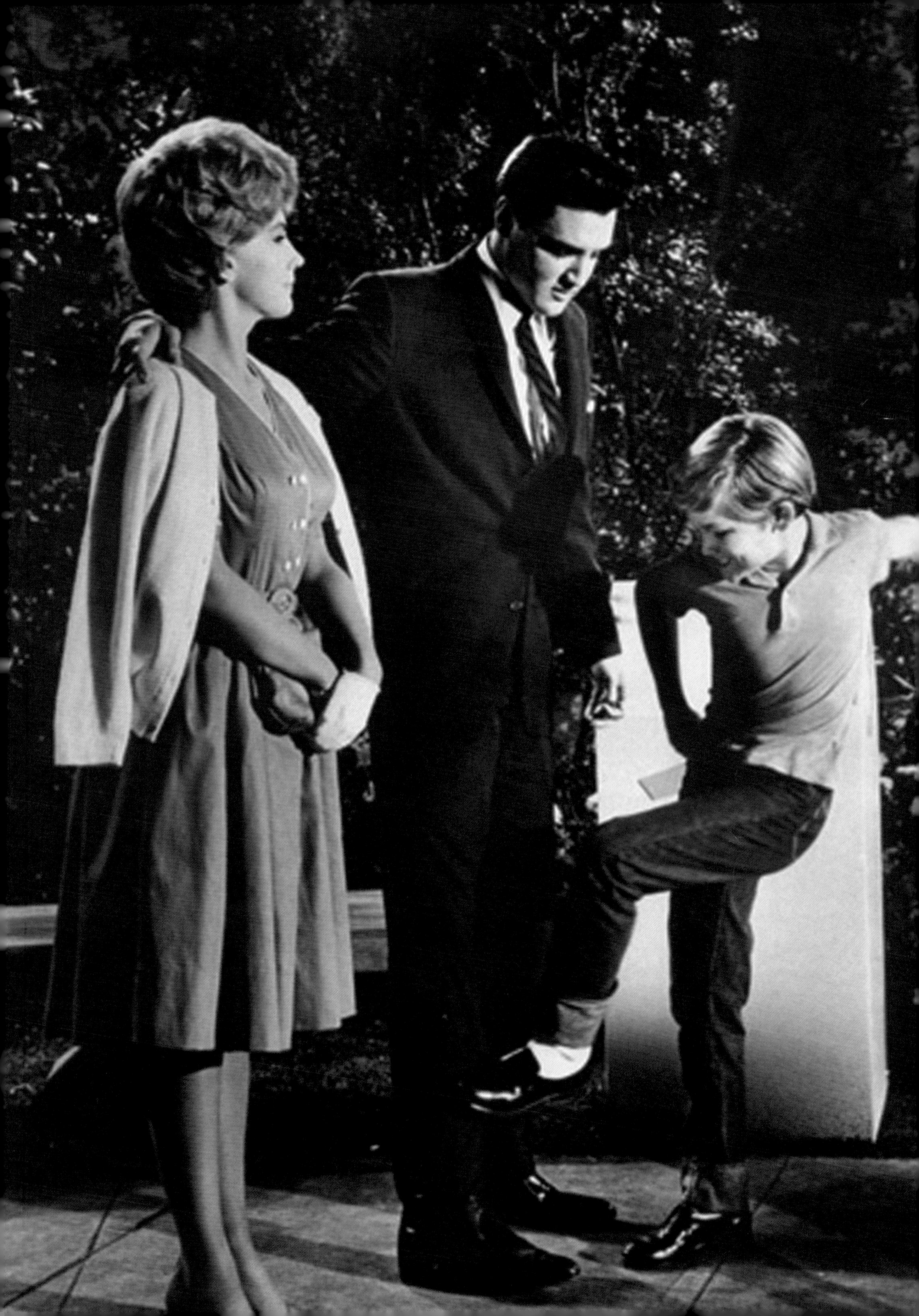

CAPÍTULO 8

VIVA ELVIS

Durante os anos seguintes, Elvis ficou preso em filme após filme, sem aparições ao vivo ou na TV e com pouquíssimas sessões de gravação além das trilhas sonoras. Com raras exceções, os roteiros dos filmes não faziam jus ao seu talento (ou à sua reputação) e as canções que ele foi obrigado a gravar eram com frequência muito fracas. Ele ficou desiludido e, embora jamais permitisse que seus sentimentos viessem a público, queixou-se de sua frustração em particular com seu círculo de amigos mais próximo. Grande parte da culpa era do coronel Parker e dos produtores de Hollywood, que pareciam interessados apenas na renda que Elvis poderia gerar para eles. A cultura nunca fora algo tão vendável quanto de tão baixa qualidade.

Os primeiros sinais do declínio dos padrões ocorreram em 1962. O primeiro dos dois filmes produzidos naquele ano foi *Garotas, Garotas e Mais Garotas*, da Paramount, que, apesar

> **A cultura nunca fora algo tão vendável Quanto de tão baixa qualidade**

de ainda ser razoavelmente divertido, com uma trilha sonora digna, com destaque para "Return to Sender", tinha todas as características de um filme com "formulinha". As cenas de locação foram filmadas em abril, no Havaí, nas ilhas Oahu e Big Island, e Elvis estava magro e bonito como o capitão de barco de pesca Ross Carpenter. Stella Stevens e Laurel Goodwin disputavam seu amor na tela. A trilha sonora foi gravada na Radio Recorders no fim de março e o filme concluído em meados de maio.

No término de agosto, Elvis estava de volta a Tinseltown para seu próximo filme para a MGM, o primeiro para o estúdio desde o lendário *Prisioneiro do Rock*, de 1957, o que foi bem recebido pelos fãs, que já começavam a dar voz aos primeiros boatos de sincero desagrado. *Loiras, Morenas e Ruivas* foi parcialmente rodado na locação da Expo 62 de Seattle e coestrelado por Joan O'Brien e Gary Lockwood e (de acordo com o seu ponto de vista) pela jovem Vicky Tiu como um bebezinho pequeno e horripilante. As crianças se tornariam parte de vários dos filmes de Elvis, nem sempre com aproveitamento artístico. O cenário da Expo 62 deu alguma credibilidade ao filme, mas a qualidade da

À esquerda: O menino Kurt Russel chuta Elvis em uma cena de Loiras, Morenas e Ruivas, *em 1962. (MGM/ Granlund)*

trilha sonora deixou muito a desejar. Havia uma ardente música, "Relax", interpretada com grande efeito quando Mike Edwards (Elvis) tentava seduzir sua namoradinha, mas pouco além disso era bom naquele filme.

Houve apenas uma sessão que não foi de trilha sonora em 1962. Em 18 e 19 de março, Elvis gravou faixas no Studio B, a maior parte das quais se destinava ao álbum *Pot Luck*, lançado em junho. "Something Blue" foi a faixa de destaque, com o tilintar do piano de Floyd Cramer que lhe dava um toque especial. A música em estilo latino chamada "You'll Be Gone" possuía em seus créditos de autoria West/Presley/Hodge. Red West era um amigo desde os tempos de escola, em Memphis, e fazia parte da comitiva de Elvis, assim como Charlie Hodge. Coletivamente, o séquito era conhecido como a "Máfia de Memphis".

"Good Luck Charm" deu a Elvis o primeiro lugar na primavera, "She's Not You" alcançou o quinto lugar no verão e "Return To Sender" tornou-se o segundo lugar no outono, vendendo bem mais de 1 milhão de cópias. Os álbuns *The Pot Luck* e *Girls! Girls! Girls!* chegaram ao quarto e ao terceiro lugar, respectivamente. Elvis ainda estava vendendo muitos discos.

Entre um filme e outro, Elvis passava bastante tempo em Las Vegas para assistir a seus artistas favoritos, e em Memphis, para curtir sessões de cinema à meia-noite e de madrugada ao ar livre nos Fairgrounds, com seus amigos e alguns fãs que tinham a sorte de ser convidados. Ele também tinha seu próprio projetor de filmes de 16 milímetros em sua sala de TV no porão de Graceland. Ainda com medo de viajar de avião, comprou uma motocasa modelo Dodge para as viagens entre Memphis e Califórnia e mandou personalisá-la em Hollywood, na Kustom King George Barris.

Elvis sempre gostou de jogar futebol americano. Quando foi rejeitado pelo Humes High School Tigers em seus tempos de colégio, ele montou um time próprio no início dos anos 1960 e, em Los Angeles, a sua equipe jogava aos domingos contra um time de estrelas, como Ricky Nelson e Pat Boone, no De Neve Park, perto da sua casa.

Em junho de 1962, Elvis convenceu os pais de Priscilla Beaulieu a deixá-la passar duas semanas nos Estados Unidos. Ela voou da Alemanha para Los Angeles e, dois dias depois, ele a levou com alguns amigos para Las Vegas, onde se hospedaram no Sahara Hotel. Elvis ainda estava envolvido com Anita Wood, porém, no início de agosto, Anita anunciou que ela e Elvis haviam se separado. Priscilla voltou aos Estados Unidos para passar o Natal com Elvis.

Durante a filmagem de *Loiras, Morenas e Ruivas*, Elvis deu uma entrevista rara e aprofundada a Lloyd Shearer, e disse ao jornalista que tinha orgulho de como havia sido educado a tratar as pessoas com respeito e a considerar seus sentimentos, como tinha esperança de ir para a faculdade, que nunca pensou em si mesmo como um pegador de mulheres e como esperava melhorar em muitos aspectos, especialmente na representação. "Eu passei por um monte de fases diferentes na vida. Experimentei a felicidade e a solidão, o lado rico, o meio-

> **Elvis e Ann formaram um par carismático (...) e também se tornaram íntimos fora da tela**

termo e a probreza total (...) E a tragédia, como quando perdi minha mãe enquanto estava no exército. Acho que coisas como essa, por mais trágicas que sejam, tendem a torná-lo uma pessoa um pouco melhor, porque você aprende mais sobre você mesmo. Elas dão uma melhor compreensão de você mesmo e das outras pessoas." Partes dessa comovente entrevista foram incluídas na coleção *Elvis Aron Presley*, de 1980, em forma de monólogo.

À direita: Ann Margret e Elvis no set de Amor a Toda Velocidade, *em 1963.(MGM)*

A MÁQUINA DO CINEMA CONTINUA A RODAR

A máquina do cinema continuou a rodar em 1963. Houve *O Seresteiro de Acapulco* para a Paramount, e *Amor a Toda Velocidade* e *Com*

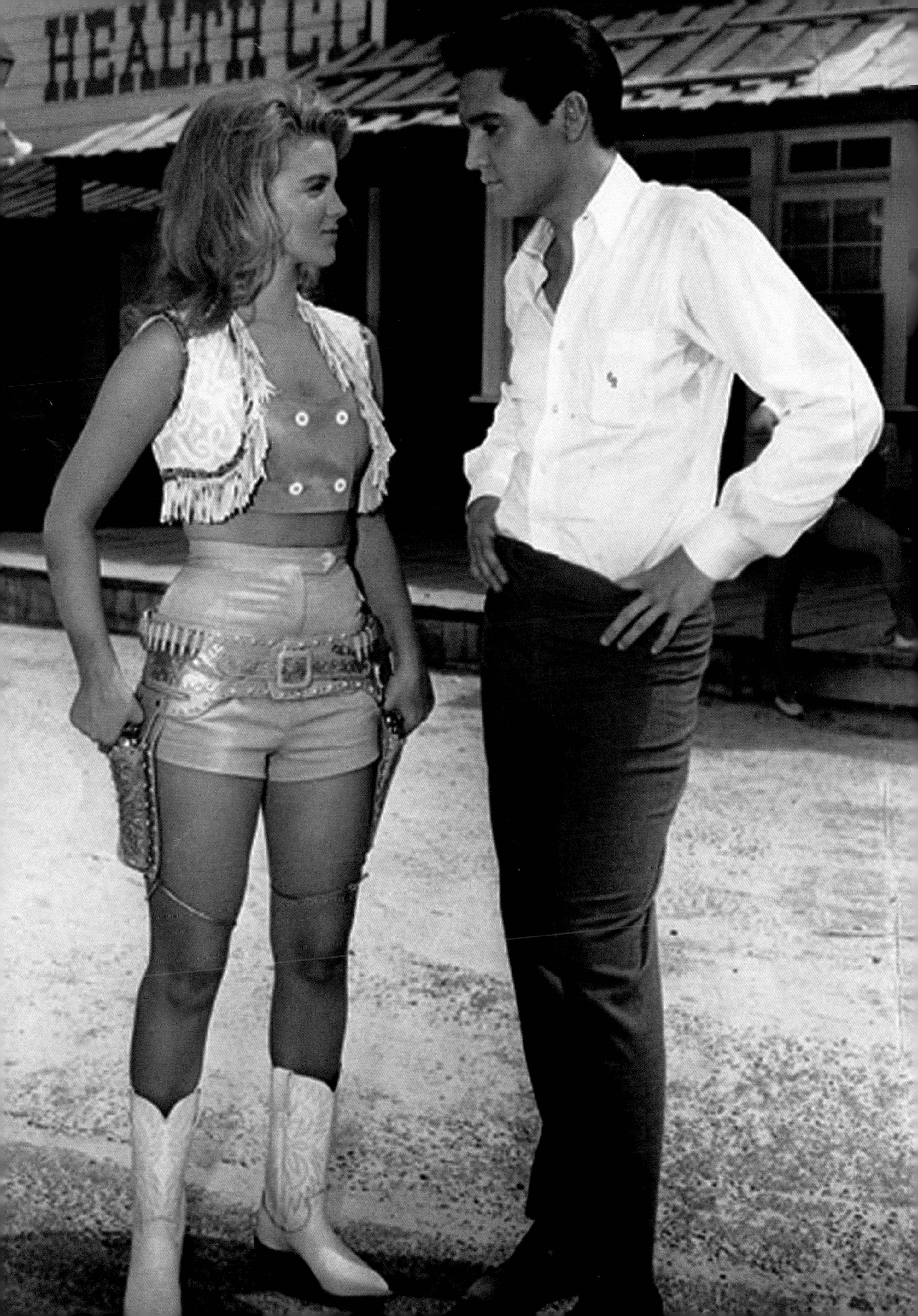
HEALTH

Caipira Não Se Brinca pela MGM. *O Seresteiro de Acapulco* foi outro filme com a mesma "fórmula" de sempre, com muitas cores e um cenário agradável (embora Elvis não tenha ido ao México para nenhuma filmagem de locação). A *bond girl* Ursula Andress foi a estrela coadjuvante e o que levantou o filme foi sua brilhante trilha sonora em estilo latino. Elvis encontrou o clima certo em números como "El Toro", "Guadalajara" e "Mexico", que era muito cativante. Ele interpretou Mike Windgren, um ex-trapezista que tentava superar seu medo de altura, com a deixa de um espetacular mergulho de 40 metros de altura do alto de La Quebrada (que, obviamente, não foi feito pelo próprio Elvis).

Com a escalação da jovial Ann-Margret como par romântico de Elvis e as locações dentro e ao redor da cidade de Las Vegas, *Amor a Toda Velocidade* foi bem melhor. Elvis e Ann formaram um par carismático como Lucky (Jackson) e Rusty (Martin) e também se tornaram íntimos fora da tela. Elvis interpretava um piloto de carros de corrida e as músicas foram bem filmadas, em especial o dueto "The Lady Loves Me" e a vigorosa "Viva Las Vegas". Foi um dos melhores e mais populares musicais de Elvis e é uma pena que ele e Ann não tenham sido escalados juntos de novo.

Abaixo: Os companheiros da Máfia de Memphis com Elvis e Jim Brown (Cleveland Browns Football Club) no lote da Paramount durante as filmagens de Carrosel de Emoções *(da esquerda para a direita: Billy Smith, Alan Fortas, Richard Davis, Jim Brown, Elvis, Joe Esposito, Marty Lacker e Jimmy Kingsley), em 1964. (Paramount/Granlund)*

À direita: Na primavera de 1964, Jimmmy Savile retorna à América para discutir com o coronel Parker uma ideia britânica de Todd Slaughter para apresentar Elvis ao vivo na televisão, via satélite, em um programa apresentado pela Redifussion TV, chamado Elvis via Telstar, *visto aqui, no set da Paramount, com o rei em um intervalo da filmagem de* Carrossel de Emoções. *(Sir Jimmy Savile OBE KCSG)*

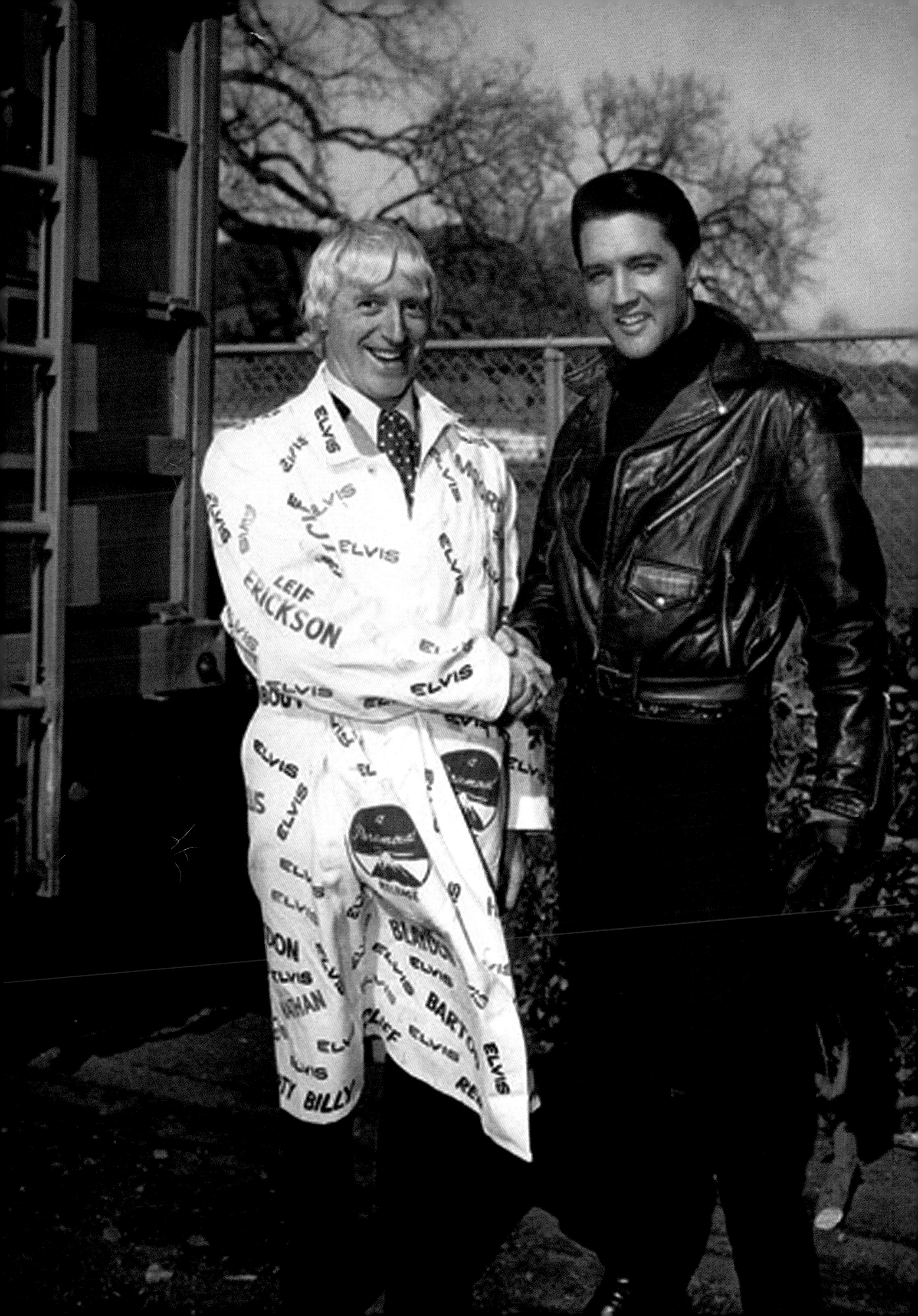
ELVIS
LEIF
ERICKSON

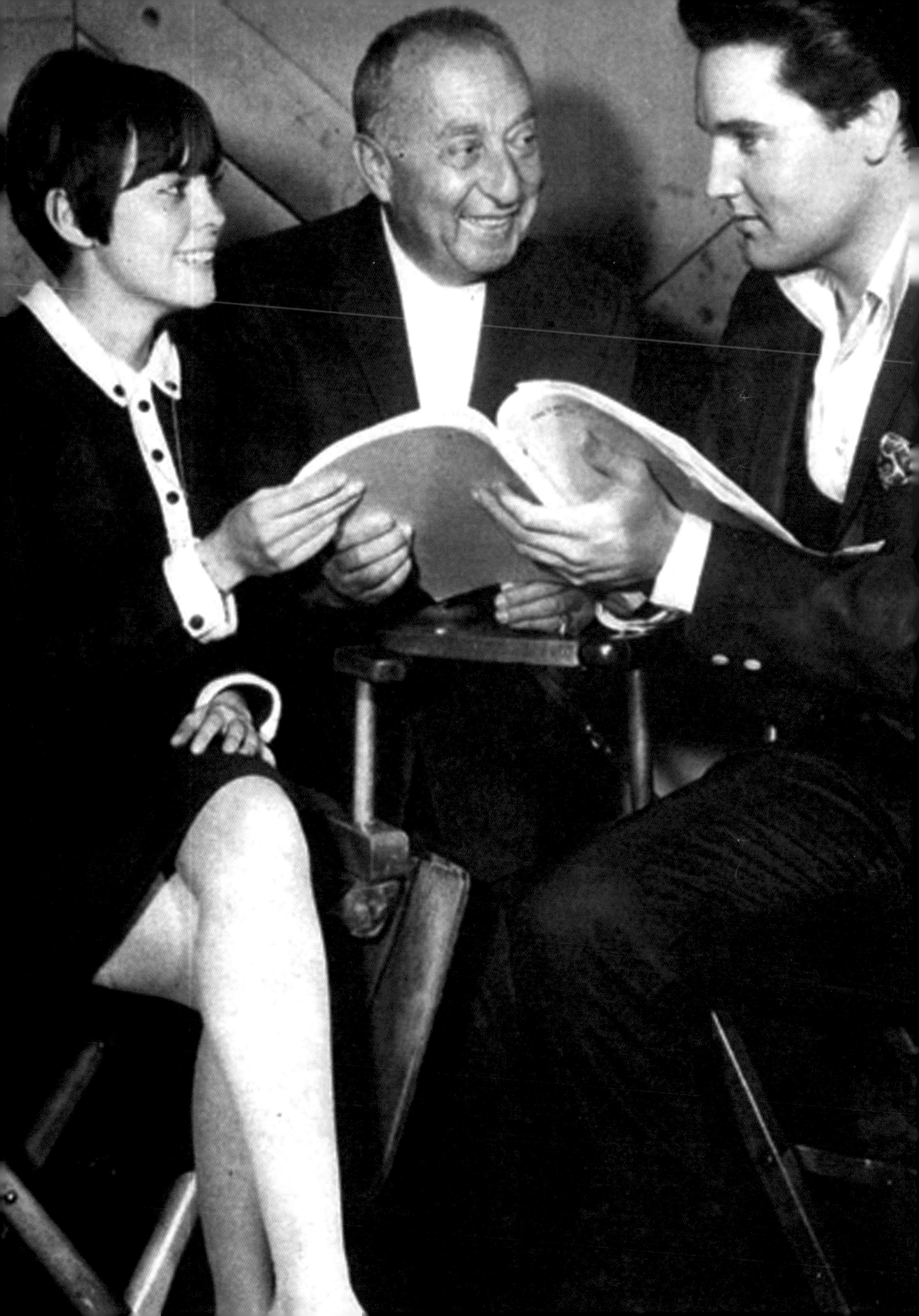

Infelizmente, *Com Caipira Não Se Brinca* foi muito diferente. O orçamento baixo e o cronograma curto ficaram muito óbvios, apesar de algumas locações de filmagem terem sido feitas na pitoresca Big Bear, na Califórnia, localizada ao pé das montanhas Great Smoky, no Tennessee. Era estranho ver Elvis representar o oficial da força aérea Josh Morgan, com o cabelo escuro, e seu primo caipira Jody Tatum (usando uma peruca loira). Arthur O'Connel esforçou-se como um contrabandista de bebidas alcoólicas que não queria alugar suas terras para o governo; porém, o roteiro era fraco e a maioria das canções, que era medíocre, foi editada de mau jeito no filme. Entretanto, no lançamento, o filme foi muito popular nos Estados Unidos.

Elvis fez apenas uma sessão sem ser para trilha sonora em Nashville, em 1963. Entre 26 e 27 de maio, gravou mais de uma dúzia de faixas, algumas das quais acabaram virando canções bônus em álbuns de trilhas sonoras. "Devil In Disguise" foi escolhida como um lado A e deu a Elvis seu maior sucesso do ano, que chegou ao terceiro lugar nos Estados Unidos. Seus discos ainda vendiam bem, com a maioria ficando entre os dez mais bem colocados nas paradas, mas os dias de sucesso automático tinham acabado.

Acima: Bate-papo com o produtor Hal B. Wallis no set de Carrossel de Emoções, *em 1964. (EPFC)*
À esquerda: A cantora francesa Mireille Mathieu com Elvis no set do filme Minhas Três Noivas, *em 1966. (Jean-Marie Pouzenc)*

Elvis se mudou de volta para Perugia Way, em janeiro de 1963, e Priscilla se mudou para os Estados Unidos em março, teoricamente para morar com o pai e a madrasta de Elvis enquanto concluía seu último ano na Immaculate Conception High School, em Memphis. Ela se formou em maio e, quando Elvis estava em casa, frequentava as festas e as sessões de filme à meia-noite; só saiu para Hollywood

97

Elvis havia comprado o iate por 55 mil dólares em um leilão e, a princípio, ofereceu-o ao March of Dimes. A maioria das muitas doações de caridade de Elvis tinha pouca ou nenhuma publicidade, e era assim que ele queria.

Carrossel de Emoções foi o primeiro filme do ano, feito na Paramount e com locações na Califórnia. A história de um parque de diversões itinerante tem Elvis no papel de Charlie Rogers, um cantor que virou trabalhador braçal, e conta com a participação da atriz veterana Barbara Stanwyck. Charlie era um homem de atitute, o que deu a Elvis a chance de fazer uma ótima atuação. A trilha sonora teve uma ou duas músicas decentes, das quais a melhor era "Little Egypt", de Leiber e Stoller, um sucesso com os The Coasters.

À esquerda: Barbara Stanwick visita Elvis no set *de* Entre a Loira e a Morena, *em 1965. (Granlund) À direita: Elvis recebe a visita de Jim Brown, jogador de futebol que virou ator, no* set *do filme* Carrossel de Emções, *da Paramount. (Tunzi)*

Louco por Garotas, pela MGM, veio em seguida nos altos e baixos de Elvis em

em novembro, após notícias da imprensa envolvendo Elvis e Ann-Margret. Parecia que ele estava dividido entre as duas mulheres, porém, depois que Ann disse à imprensa londrina que estava apaixonada por Elvis, o relacionamento deles esfriou, embora tenham sempre permanecido bons amigos. Foi Priscilla quem passou o Natal com Elvis em Graceland.

Em 1964, enquanto Elvis estava preso aos estúdios de Hollywood, os Beatles conquistavam os Estados Unidos. Elvis e o coronel enviaram um cortês telegrama de congratulações a eles, na época de sua aparição no programa de TV de Ed Sullivan, em 9 de fevereiro.

Elvis fez uma rara aparição pública em 14 de fevereiro para entregar o iate do ex-presidente Roosevelt, o USS *Potomac*, para o artista Danny Thomas, a fim de beneficiar o St Jude's Children's Research Hospital, em Memphis.

Elvis e os Beatles trocaram **histórias** e **tocaram** até tarde da noite

Hollywood e lançou Shelley Fabares no primeiro de seus três papéis de par romântico de Elvis. A história acontecia em Fort Lauderdale, na Flórida, quando o cantor Rusty Wells (Elvis) divertia os alunos de férias ao mesmo tempo em que acompanhava secretamente Valerie (Shelley). O filme teve seus momentos, como quando Elvis fugia da cadeia e aparecia vestido

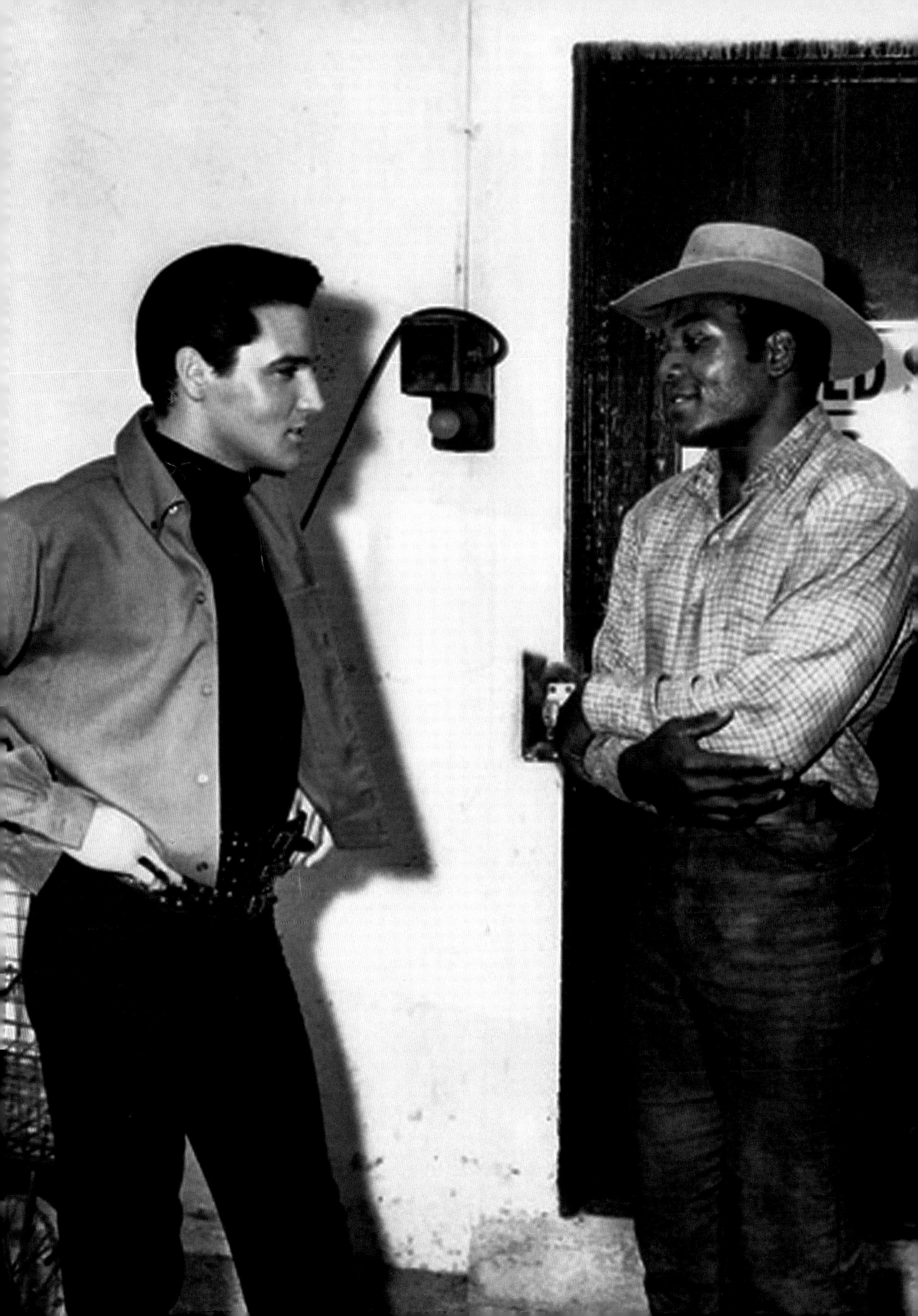

de mulher. "Puppet On A String", uma bonita balada, estava entre as melhores músicas da trilha sonora. No entanto, "Do The Claim", sem dúvida medíocre, foi escolhida como o lado A de um novo *single*.

Não havia nenhuma música nova no filme *O Cavaleiro Romântico*. O Allied Artists Studio estava com problemas financeiros; portanto, para reduzir os custos, utilizaram-se canções lançadas previamente. Isso deu aos fãs a chance de ver Elvis cantar o blues "It Feels So Right" e "Dirty Dirty Feeling". A interpretação de algumas canções deixou muito a desejar e houve vários erros técnicos evidentes no filme, em que Elvis interpretava Loonie Beale, um ex-campeão de rodeio que se tornava um almofadinha de fazenda. Havia algumas cenas muito engraçadas que se passavam em uma cidade fantasma de faroeste; porém, há poucos motivos para recomendar esse filme, que também era estrelado por Jocelyn Lane e Julie Adams.

INCLINAÇÕES ESPIRITUAIS

Em 1964, Elvis passou a se interessar por livros espirituais como *The Impersonal Life,* que lhe foi recomendado por Larry Geller, seu cabeleireiro. A influência de Geller sobre Elvis causou conflitos na comitiva e sua presença não era vista com agrado pelo coronel Parker. Naquele ano, Elvis voltou a ser nomeado "Special Deputy Sheriff" em Memphis, enquanto Vernon, Dee e os três filhos dela se mudavam para uma casa nova em Dolan, nº 1266, que tinha acesso aos fundos de Graceland.

A melhor música que não era de filme gravada por Elvis em 1964 (em uma sessão curta em Nashville, em janeiro) foi "It Hurts Me", que acabou se tornando o lado B de "Kissin' Cousins". Estava ficando difícil estourar as músicas e os *singles* não conseguiam mais alcançar o Top 10. O álbum *Roustabout* [trilha sonora de *Carrossel de Emoções*], porém, chegou ao primeiro lugar na primeira semana de janeiro de 1965, um presente especial para Elvis em seu aniversário de 30 anos.

É difícil encontrar algo de positivo para dizer sobre o 30º ano de vida de Elvis. Enquanto toda a música pop ao seu redor vivia sua fase mais criativa desde seu surgimento na década anterior, com The Beatles, Bob Dylan e Rolling Stones como líderes de um novo renascimento cultural entre os adolescentes, Elvis fez três filmes, nenhum dos quais foi bem-sucedido. Muitos citam *Feriado no Harém* (MGM) como o pior filme de Elvis já feito. Mal produzido, com nosso herói no papel de Johnny Tryonne, um cantor perito em caratê, que tentava impedir o assassinato de um rei médio-oriental e se apaixona por sua filha (Mary Ann Mobley), é considerado mais como uma sátira. Elvis não parecia confortável em seus trajes orientais e as músicas eram muito medíocres.

Entre a Loira e a Morena, da United Artists, foi apenas um pouco melhor. Os personagens cantores principais, Frankie e Johnny, foram interpretados por Elvis e pela bela Donna Douglas, que havia encantado os telespectadores em *The Beverly Hillbillies*. O cenário era um barco no rio Mississipi e, no lado positivo, as roupas eram expressivas e havia uma sequência maravilhosa desenvolvida em torno da canção *Frankie And Johnny*. A trilha sonora tinha certo mérito; Elvis cantou as músicas bem, entre as quais um bem recebido blues, "Hard Luck". O roteiro deixou o filme na mão; ele foi rodado como uma comédia, mas, se fosse um drama, teria muito mais impacto.

No Paraíso do Havaí, pela Paramount, prometia bastante, mas se mostrou uma decepção para muitos. Não era nenhum *Feitiço Havaiano*, a não ser pelas paisagens deslumbrantes. Rodado em locações nas ilhas e com cenas no Polynesian Cultural Centre em Laie, Oahu, era mais ou menos uma narração sobre viagem. A atriz britânica Suzanna Leigh representou o papel antagônico a Elvis como a piloto de helicóptero Rick Richards. A trilha sonora incluía canções embaraçosamente medíocres, como "Queenie Wahine's Papaya" e "A Dog's Life". Não é de admirar que Elvis achasse engraçadas todas as tomadas na sessão de gravação. Havia uma canção de destaque, "Drums Of The Island", que apresentava artistas de várias culturas polinésias cantando com Elvis.

O sucesso surpresa do ano (terceiro lugar nos Estados Unidos e primeiro no Reino Unido) foi uma faixa da sessão de 1960 de *His Hand In Mine* que foi deixada para depois, "Crying In The Chapel". De modo geral, os *singles* não estavam fazendo muito sucesso, mas os álbuns de trilhas sonoras ainda entravam na lista dos dez mais.

Talvez como um antídoto para a sua falta de interesse nos filmes de Hollywood, Elvis começou a frequentar a Self-Realisation Lake Shrine [Santuário do Lago da Autorrealização, uma organização religiosa hinduísta, que divulga os ensinamentos de seu fundador, o guru indiano Paramahansa Yogananda], em Pacific Palisades, na Califórnia, onde continuou sua busca espiritual. O santuário levou Elvis a construir um jardim de meditação em Graceland, que foi concluído no fim do ano.

Sem dúvida, Elvis ficou muito emocionado quando, em agosto, foi ver o singelo memorial branco construído sobre o casco afundado do USS *Arizona,* em Pearl Harbour, no Havaí. Graças ao seu show beneficente de 1961, o memorial havia sido concluído.

Houve grandes manchetes no fim de agosto, quando Elvis e os Beatles se reuniram na casa dele na Perugia Way, em 27 de agosto. Eles trocaram histórias e tocaram até tarde da noite, enquanto os fãs que descobriram esse encontro "secreto" se aglomeravam em torno do muro e portões da casa de Elvis. O empresário dos Beatles, Brian Epstein, e o coronel Parker ficaram lado a lado observando o encontro.

Um acontecimento triste foi a morte de Bill Black em razão de um tumor cerebral, em 21 de outubro, com apenas 39 anos de idade. Elvis não pôde comparecer ao enterro, com medo de provocar uma comoção, mas expressou sua tristeza dizendo: "Eu mal posso explicar o quanto amava Bill".

Um novo ano, uma nova casa: quando Elvis chegou a Hollywood, no início de fevereiro de 1966, mudou-se para uma nova casa alugada em Rocca Place, nº 10.550, em Bel Air, que, Elvis tinha esperanças, daria mais privacidade a ele, Priscilla e ao séquito sempre presente. Ele tinha também um novo ônibus Greyhound, que George Barris estava customizando.

O 23º filme foi *Minhas Três Noivas,* da MGM. Elvis estava no papel de Mike Mccoy em um musical típico – uma aventura com corrida de carros e perseguição a uma garota em ritmo acelerado. Na trilha sonora, "Am I Ready" era uma das mais belas baladas que ele já havia cantado, enquanto "Never Say Yes" e "I'll Be Back" eram canções cativantes, com muito ritmo. A adorável Shelley Fabares também estava no filme.

Quando o filme foi concluído, Elvis deixou Hollywood para trás dirigindo seu novo ônibus Greyhound em direção a Memphis. Em meio a seus próximos filmes programados, aconteceria uma sessão de gravação que representaria o sinal de um interesse renovado em sua carreira.

CAPÍTULO 9

ADEUS HOLLYWOOD, OLÁ MUNDO

Em 25 de maio, Elvis chegou ao Studio B em Nashville e conheceu seu novo produtor, Felton Jarvis. O principal objetivo da sessão, que durou até o dia 28, era gravar um segundo álbum religioso, algo muito precioso para o coração de Elvis. Além do The Jordanaires, um segundo grupo gospel, The Imperials, também estava no estúdio. Um de seus integrantes era Jake Hess, que Elvis idolatrava.

A paixão de Elvis pela música sacra brilhava por toda faixa gravada. Havia as ritmadas, com bater de palmas acelerado, como "'Run On", "So High", "By and By" e "If The Lord Wasn't Walking By My Side".

À direita: Elvis com o coronel Parker e Larry Geller fazendo palhaçadas no set de Canções e Confusões. *(Tunzi)*
Abaixo: A atriz britânica Annette Day atuando com Elvis em Canções e Confusões. *(MGM)*

ADEUS HOLLYWOOD, OLÁ MUNDO

Acima: Elvis recebe o Youth Leadership Award no set de Meu Tesouro é Você. *(EPFC)*

Havia números mais lentos, como "In The Garden", "Where No-one Stands Alone", "Stand By Me", "Father Along" e os "Where Could I Go But To The Lord", acompanhada por estalar de dedos. E havia um hino que deu o título ao álbum, "How Great Thou Art", a canção gospel favorita de Elvis. Ele a cantou como fazia com tudo, com convicção e sinceridade. Não é de admirar que *How Great Thou Art* fosse escolhido como a "Melhor Apresentação Religiosa". Com esse álbum, ele recebeu o primeiro de seus três Grammys para gravações gospel, em 1967.

Várias canções não religiosas foram gravadas durante a sessão, entre as quais "Tomorrow Is A Long Time", de Boy Dylan, que posteriormente consideraria esta como uma das melhores versões de qualquer uma de suas músicas. Ele estava certo, era magnífica! "Down In The Alley" também era muito boa; Elvis sempre teve um toque muito especial em melodias meio blues. Ambas acabaram se tornando canções bônus em um álbum de trilha sonora. Elvis também gravou uma versão muito suave de "Love Letters", de Ketty Lester, marcada para o lançamento de um *single*. Em um retorno a Nashville, em 12 de junho, Elvis acrescentou sua voz a três faixas de música gravadas dois dias antes. Uma balada arrebatadora, "Indescribably Blue", era um futuro lado A, assim como a sensível canção escrita por Red West, "If Every Day Was Like Christmas". O terceiro número era uma balada chamada "I'll Remember You", de autoria do compositor havaiano Kuiokalani Lee. Elvis ficou tão satisfeito com essas duas sessões que escreveu uma nota pessoal para agradecer a Felton e a todos os músicos.

Deve ter sido desanimador para Elvis ter de gravar a trilha sonora de seu filme seguinte, *Canções e Confusões*. Que entusiasmo ele poderia reunir para uma canção fraca como "Long Legged Girl" ou para a terrível canção infantil "Old MacDonald"? O filme em si continuou o tradicional declínio. Havia poucos motivos para recomendar a história das aventuras do cantor Guy Lambert em Londres e na Bélgica, que envolviam sequestro e roubo de joias. Elvis, claro, não pôs os pés na Europa. A atriz principal era a adolescente londrina, Annette Day, escolhida a dedo pelo coprodutor Judd Bernard. Outro britânico no elenco era o recém-falecido Norman Rossington, o único ator a ter aparecido em filmes com o trio Elvis,

Elvis fez seu último filme para Hal Wallis naquele outono

The Beatles e Cliff Richard. Como é próprio de um profissional, Rossington teve um desempenho digno de crédito, mas quando *Canções e Confusões* foi lançado, o público foi muito escasso.

Em setembro de 1966, Elvis alugou uma casa no refúgio do deserto de Palm Springs. O coronel Parker já tinha uma residência lá, assim como os ricos e famosos Frank Sinatra e Bob Hope.

Elvis fez seu último filme para Hal Wallis naquele outono e gravou sua trilha sonora mais fraca de todas, no palco de gravação da Paramount. Em *Meu Tesouro é Você*, Elvis interpreta um ex-mergulhador da marinha, Ted Jackson, que procura por tesouros submersos em águas turvas. O enorme longa tem cenas submarinas chatas com um dublê. Foi um triste fim para uma relação com um estúdio que havia sido tão importante no início de sua carreira.

No fim de 1966, Elvis começou a se interessar muito por cavalos e comprou vários animais (um dos quais era um presente de Natal para Priscilla), além de roupa de montaria; ele reformou o grande celeiro no seu quintal e andava a cavalo pelo terreno de Graceland. Comprou também um anel de diamante e colocou-o no dedo de Priscilla, depois de a pedir em casamento pouco antes do Natal. No entanto, isso foi mantido em segredo para a imprensa e para os fãs. De fato, em meados dos anos 1960, graças basicamente a mecanismos de triagem eficientes do coronel Parker, era muito difícil descobrir alguma coisa sobre a vida particular de Elvis.

A farra de compra de cavalos prosseguiu em 1967 e uma compra especial foi um palomino, um cavalo de cor amarela com crina e rabo

Abaixo: Lee Majors, da série de TV O Homem de Seis Milhões de Dólares, *visto aqui com Elvis, em 1967, na Universal Studios. (Universal Pictures/Granlund)*

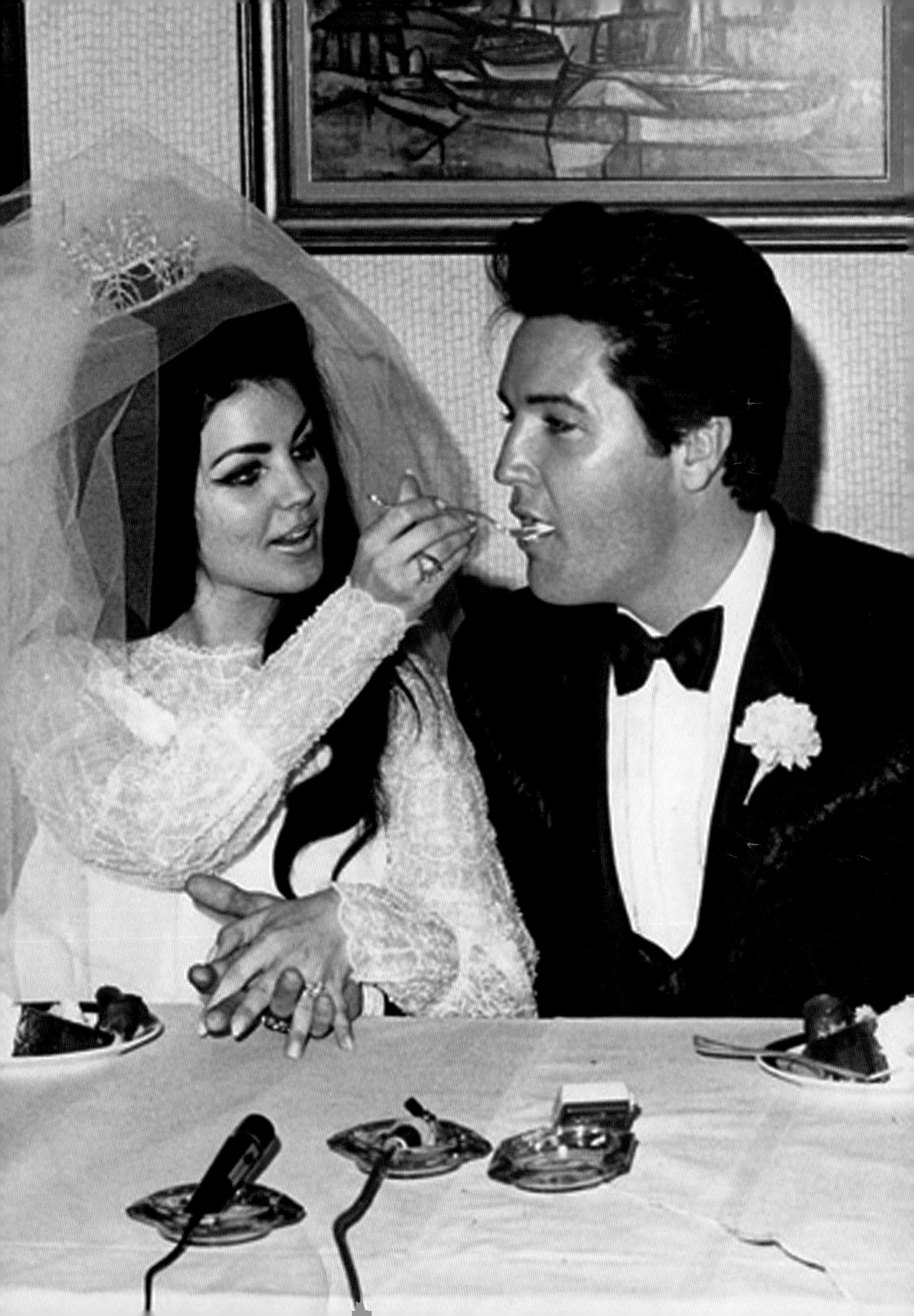

brancos, ao qual Elvis deu o nome de Rising Sun. Seu novo interesse precisava de mais espaço do que as terras de Graceland proporcionavam e, em pouco tempo, ele comprou uma fazenda de 64 hectares perto da margem do Mississipi, a cerca de 16 quilômetros de Graceland, e nomeou-a Circle G. Elvis e seus camaradas brincavam de ser caubóis. Comprou picapes para todos e *trailers* para morarem, enquanto ele vivia em uma pequena casa da fazenda.

À esquerda: Priscilla e Elvis comemoram com um café da manhã de casamento no Aladdin Hotel, em Las Vegas, em 1º de maio de 1967. (EPFC) Abaixo: Nancy Sinatra, Nelson Rockerfeller, Vernon e Dee Presley, e os três filhos do casamento anterior de Dee no set de O Bacana do Volante. *(Tunzi)*

Relutante, Elvis saiu da Circle G para fazer uma sessão em Nashville, em 21 de fevereiro, a fim de gravar canções para *O Barco do Amor*, seu filme seguinte para a United Artists. A canção de destaque em uma trilha sonora bastante lastimável foi "You Don't Know Me". A partida de Elvis para Hollywood foi adiada porque ele queria curtir sua nova fazenda. Quando se

Entre os dois filmes, um acontecimento muito especial entrou para as manchetes

queixou de dores por causa da sela, conheceu o dr. George Nichopoulos, que se tornaria seu médico particular. Finalmente, Elvis voou para a

Acima: No set de Joe é Muito Vivo, Elvis orgulhosamente segura uma saudação dos fãs britânicos na sequência de uma convenção de caridade no Palácio de Nottingham, na Inglaterra, em 13 de agosto de 1967. (EPFC)

Califórnia no início de março, mas houve um atraso ainda maior quando sofreu uma queda no banheiro em Rocca Place. O coronel Parker havia aguentado o bastante; ele mandou Larry Geller e seus livros religiosos passear e expulsou o restante da comitiva.

O Barco do Amor foi outro filme ruim, embora Elvis tivesse uma de suas coadjuvantes favoritas, Shelley Fabares, de volta pela terceira vez. Seu papel era do rico e jovem Scott Hayward, que trocou de lugar com um instrutor de esqui aquático e venceu uma corrida de lancha.

De lancha de corrida para a Stock Car. Em *O Bacana do Volante*, sua realização seguinte pela MGM no verão, nosso herói fazia o papel de Steve Grayson, um piloto de corridas de Stock Car. Nancy Sinatra fazia o papel de uma agente da Internal Revenue, que ficava de olho em suas vitórias, contra as quais o empresário dele vinha apostando. O filme tinha outra trilha sonora sem brilho.

Entre os dois filmes, um acontecimento muito especial entrou para as manchetes: Elvis

Acima: Elvis reencontra Line Renaud em dezembro de 1968, que ele havia conhecido em Paris, em janeiro de 1960, no show do Lido no Casino de Paris. À direita está o ator veterano Edward G. Robinson. (Granlund/ Jean-Marie Pouzenc)

e Priscilla se casaram no Aladdin Hotel, em Las Vegas, em 1º de maio. Eles partiram de Palm Springs de madrugada, conseguiram uma licença de casamento e trocaram seus votos em uma cerimônia presenciada por Vernon Presley, os pais de Priscilla e diversos amigos de Elvis. Joe Esposito e Marty Lacker foram os padrinhos. Elvis usou um terno modelo paisley e sua noiva um vestido de *chiffon* branco com ornamentos de pérolas e uma tiara. O coronel Parker comandou o casamento, o que causou ressentimento entre alguns da comitiva, entre os quais Red West, que não foi convidado. Os recém-casados, porém, pareciam muito felizes ao cortarem um grande bolo de camadas e brindarem um com o outro. Uma segunda recepção foi realizada em Graceland, em 29 de maio, para a família e os amigos que não estavam em Las Vegas, quando Elvis e Priscilla vestiram seus trajes de casamento novamente. Apenas algumas semanas depois, no set de *O Bacana do Volante,* um Elvis muito feliz anunciou que sua esposa estava grávida. Os fãs de Elvis receberam com alegria a notícia, assim como haviam recebido a de seu casamento.

Em agosto, Elvis tinha perdido quase todo o interesse em sua fazenda e, muito em breve, os cavalos foram levados de volta a Graceland, os *trailers* e as picapes descartados, e a fazenda acabou sendo vendida. Vários integrantes da Máfia de Memphis já não estavam mais com Elvis; Priscilla, como era de se esperar, não estava muito interessada em ter tantos amigos da comitiva ao redor o tempo todo.

No que diz respeito à carreira fonográfica de Elvis, havia uma luz no fim do túnel. Em setembro de 1967, em uma sessão no Studio B, ele gravou algumas faixas que apontavam para um novo rumo e um entusiasmo renovado. "Big Boss Man" e "Hi-Heel Sneakers" eram números cheios de pique, e "Guitar Man" se beneficiou por ter seu compositor, Jerry Reed, na sessão, contribuindo com seu inconfundível estilo de tocar violão. Apesar do som mais moderno, "Big Boss Man" entrou apenas de raspão na lista das 40 mais. O registro de vendas recente era muito decepcionante. Apenas "Love Letters", que chegou ao 19º lugar em 1966, vendeu razoavelmente bem. Até *How Great Thou Art* havia alcançado apenas o 18º lugar no início de 1967, embora fosse vender muito a longo prazo.

Havia ainda mais um filme a ser feito, porém, ao menos *Joe é Muito Vivo,* da MGM, era

O ano de 1968 começou com muitas promessas

Acima: Em 6 de abril de 1968, Elvis e Priscilla encontram Tom Jones no Flamingo Hotel, em Las Vegas, depois de seu show esgotado no showroom do cassino. (Tom Jones)
À direita: Durante as filmagens de Lindas Encrencas, *da MGM, Elvis recebe um prêmio da British Guide Dogs For The Blind Association pela captação de recursos feita pelo seu fã-clube britânico. Essa foto está autografada por Elvis. (Todd Slaughter)*

diferente dos filmes tradicionais dos dois anos anteriores. Tratava-se de uma comédia arrebatadora adaptada do romance *Stay Away, Joe*, de Dan Cushman, que escalou Elvis como Joe Lightcloud, um campeão de rodeio nativo americano dos tempos atuais, que tentava ajudar sua família a criar um rebanho de gado. Ele parecia gostar do papel; a maior parte do filme dava a impressão de ser uma grande festa. O excesso de canções não prejudicou a história. Havia algumas cenas realmente engraçadas, como quando a futura sogra da irmã de Joe visita a casa de Lighthouse em ruínas. Elvis teve um bom suporte de Burgess Meredith, Katy Jurado e Joan Blondell, e houve filmagens de locação autênticas no Arizona.

O ano de 1968 começou com muitas promessas. Não só Elvis estava prestes a se tornar papai, como também seu empresário fechou um acordo com a NBC para ele fazer seu primeiro especial de TV. Antes de o bebê nascer, Elvis passou alguns dias em Nashville, onde gravou "Too Much Monkey Business", de Chuck Berry, que tinha uma letra muito bem bolada, e outra excelente música de Jerry Reed, "US Male", uma música com atitude – alguns dizem ser uma das primeiras realizações de rap branco. Reed novamente tocou violão na sessão. Após seu lançamento em fevereiro, "US Male" levou Elvis de volta para a lista das 30 mais, pela primeira vez em quase dois anos.

Em 1º de fevereiro, Priscilla deu à luz uma menina saudável no Memphis Baptist Hospital. Elvis estava muito feliz, assim como seus fãs, que se aglomeraram ao redor da entrada do hospital e dos portões de Graceland quatro dias depois, quando Elvis levou sua esposa e sua filhinha para casa. O casal havia escolhido o nome Lisa Marie e, em pouco tempo, cartas

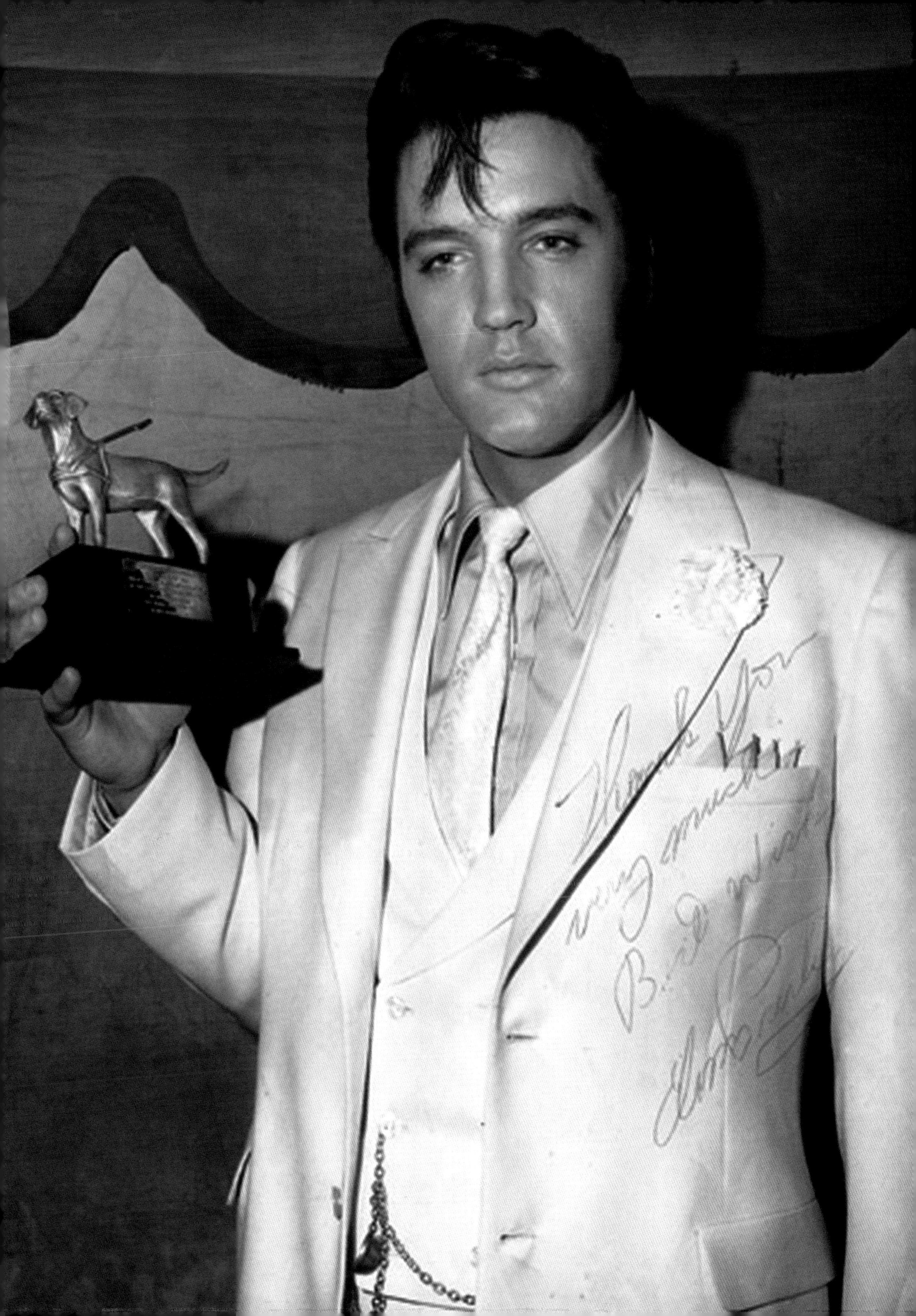
Thank you very much
Best wishes
Elvis Presley

Acima: Um Elvis Presley barbudo no set de Charro com o produtor/diretor Charles Marquis Warren. (Warren/Nacional General Pictures)

de felicitações e presentes para o bebê começaram a chegar de todo o mundo.

Depois de alugar uma sucessão de casas na Califórnia, em fevereiro, Elvis comprou sua primeira casa lá, na Hillcrest Drive, nº 1.174,

Em todos os shows ele parecia muito feliz por estar de volta diante de uma plateia

no Trousdale Estates, onde apenas duas pessoas da comitiva viveriam com ele. Como já tinham feito em residências anteriores, os fãs se reuniram no portão, na esperança de ver Elvis, Priscilla e Lisa Marie.

O papel de Elvis em seu filme seguinte foi, como em *Joe é Muito Vivo*, de caráter mais adulto. A MGM havia adaptado para a tela o primeiro romance de Dan Greenburg, *Kiss My Firm But Pliant Lips*, com o título *Viva um Pouquinho, Ame um Pouquinho*. O filme contava a história do romance entre um fotógrafo e uma jovem excêntrica. Elvis interpretou Greg Nolan e Michele Carey interpretou Bernice/Alice... ou como quer que ela tivesse vontade de ser chamada. Com costeletas lisas, Elvis se parecia mais com o Elvis de antigamente, porém mais bonito, um

ADEUS HOLLYWOOD, OLÁ MUNDO

Acima: O ás do beisebol, Duke Snyder, visita Elvis no set de Lindas Encrencas, *em 1968. (MGM) À direita: A cantora gospel Mahalia Jackson visita o set de* Change of Habit *e encontra Elvis e sua coadjuvante Barbara McNair. (Universal Pictures)*

homem do mundo. A série de canções incluía "Edge of Reality", cantada em uma sequência de sonho, um clipe pop anos antes de os clipes serem inventados. Vernon Presley fez uma participação especial sem falas no filme, que foi parcialmente rodado em Los Angeles e nos arredores.

Antes, em setembro de 1965, Elvis havia recebido Tom Jones no *set* de *No Paraíso do Havaí* e os dois iniciaram uma amizade. Jones estava se apresentando em Las Vegas, em abril de 1968, e Elvis levou Priscilla e alguns amigos para verem o show no Flamingo. No mesmo mês, Elvis passou a Páscoa em sua nova casa alugada em Camino Del Rey, em Palm Springs. Ele não esqueceu o seu primeiro aniversário de casamento; mandou flores para Priscilla e organizou uma festa na casa de Hillcrest.

Antes da gravação do especial de TV, Elvis levou Priscilla e Lisa Marie para o Havaí com alguns amigos. Eles ficaram no Ilikai, na praia de Waikiki, e assistiram a um torneio de caratê realizado por Ed Parker, que Elvis havia conhecido no início dos anos 1960.

Grande parte do mês de junho foi passada nos ensaios para o especial de TV, que se chamaria *Elvis*. Bob Finkel era o produtor e contratou o jovem e criativo diretor Steve Binder, ao passo que Bones Howe foi o diretor musical. A ideia inicial do coronel de um especial de Natal foi abandonada depois que Binder propôs que o elemento-chave do espetáculo fosse uma *jam session* diante de uma plateia de convidados, com seus antigos companheiros, Scotty Moore e D. J. Fontana na banda. Elvis riu, brincou e cantou muitos de seus antigos sucessos e algumas canções novas em duas apresentações informais gravadas na ABC Studios, em Burbank, na Califórnia, em 27 de junho. "Tiger Man" foi um dos destaques do segundo show. Para essas sequências, Elvis vestiu um figurino de duas peças de couro preto, assinado por Bill Belew. Dois dias depois, mais dois shows foram realizados diante de um público convidado (incluindo Priscilla) e ele usou a mesma roupa *sexy* de couro preto, mas, dessa vez, estava sozinho no pequeno palco quadrado. Em todos os shows, ele parecia muito feliz por estar de volta diante de uma plateia e cantou com o coração. Continuações da produção foram filmadas em 28 e 30 de junho, com um segmento gospel e uma história construída em torno de "Guitar Man". Uma cena de bordel foi cortada antes de o especial ir ao ar. Para encerrar o show, Elvis interpretou uma fervorosa nova canção, "If I Can Dream".

Uma vez concluída a gravação – e Elvis tinha todos os motivos para estar satisfeito com o resultado –, ele teve apenas algumas semanas antes de começar a trabalhar em seu filme seguinte. *Charro* foi feito para a National General e, em julho, Elvis foi para a locação no Arizona. Ele havia deixado a barba crescer para o seu papel como o bandido convertido Jess Wade, acusado do roubo de um valioso canhão mexicano. Ina Balin e Victor French deram um bom suporte, mas o filme não foi tão empolgante quanto prometia ser. A única música era a dramática canção-título, cantada durante os créditos. Elvis gostou desse papel, assim como os fãs que conseguiram assistir ao filme, apesar de sua distribuição limitada.

Enquanto Elvis relaxava em Memphis, antes de iniciar mais um filme, Dewey Philips faleceu, em 28 de setembro, aos 42 anos de idade, e, três dias depois, Elvis compareceu a seu funeral.

O último filme do ano (e, de fato, o último filme de Elvis pela MGM) foi *Lindas Encrencas: As Garotas*, baseado em um livro chamado *Chautauqua,* de Day Keene e Dwight Vincent. Vestido em um traje anos 1920, com um terno branco e um chapéu diplomata, Elvis ficou elegante como Walter Hale, gerente de uma empresa viajante de Chautauqua [projeto de educação e entretenimento para adultos]. Os coadjuvantes foram Marylin Mason e Sheree North. As poucas canções do filme incluíam o gospel "Swing Down, Sweet Chariot". O problema com *Lindas Encrencas* foi... a ausência de Elvis em muitas cenas.

A audiência do especial de TV, quando foi exibido em 3 de dezembro, foi espetacular. Em apenas 60 minutos, a carreira de Elvis se restaurou e seus fãs ficaram extasiados. O álbum da trilha sonora subiu ao oitavo lugar, enquanto "If I Can Dream" chegou ao 12º. O programa se tornou conhecido como *'68 Comeback Special* e foi um divisor de águas na carreira dele.

Elvis certamente tinha muito o que comemorar no Natal e na sua festa anual de Ano-Novo em Memphis, e as coisas ficariam ainda melhores a partir de então. Em janeiro e fevereiro de 1969, ele realizou sessões de gravação no American Studios, em Memphis, no qual usou seus músicos talentosos da "casa" e gravou mais de 30 músicas ao todo, faixas que estão, indubitavelmente, entre as melhores de sua carreira. Com uma voz que ecoava a sede de seus primeiros anos e, ainda assim, ressoava uma nova maturidade, Elvis estava verdadeiramente inspirado em canções como "Long Black Limousine", "I'll Hold You In My Heart", "Stranger In My Own Home Town", "Only The Strong Survive", "Any Day Now", "After Loving You" e outras. Era necessário consolidar sua volta às paradas de sucesso depois de "If I Can Dream" e as faixas que fizeram isso foram "In The Ghetto" (sua primeira entrada na lista das dez mais nos Estados Unidos por quatro anos, em terceiro lugar, e em primeiro no Reino Unido), "Kentucky Rain", "Don't Cry Daddy" e, a melhor de todas, a fascinante "Suspicious Minds", que o recolocou no primeiro lugar nos Estados Unidos. O álbum *From Elvis in Memphis*, embora só tenha chegado ao 16º lugar, é considerado o melhor álbum de Elvis por muitos fãs e críticos.

Entre as duas sessões, Elvis fez uma pausa com sua família na cidade de Aspen, no Colorado, que estava coberta de neve, e comemorou o primeiro aniversário de Lisa Marie. Quando as sessões foram concluídas, ele voltou a Hollywood. Havia apenas mais um filme para fazer antes que ele estivesse livre para fazer o que queria – fazer shows ao vivo novamente. O filme da Universal foi profeticamente intitulado *Change of Habit* [Mudança de Hábito tradução livre, filme sem título em português] e, pelo menos, a carreira cinematográfica de Elvis terminou em grande estilo. Era um drama em que ele – mais bonito do que nunca – interpretou o dr. John Carpenter, que trabalhava em uma área carente e deparava-se com sérios problemas sociais. Sua coadjuvante foi Mary Tyler Moore, famosa em virtude da TV, no papel de uma das três freiras que trabalhavam disfarçadas como enfermeiras. O filme teve tensão e alguns momentos mais leves, apenas quatro canções, e uma cena memorável e comovente de controle de raiva entre Elvis e uma criança autista. No entanto, *Change of Habit* chegou tarde demais; a essa altura, os filmes de Presley eram exibidos como filmes B, quando eram exibidos, no Reino Unido pelo menos. De fato, *Change Of Habit* teve sua estreia britânica na BBC em 1º de agosto de 1971, embora houvesse tido uma estreia pública ao ser exibido pelo fã-clube britânico no Theatre Nouveau, no Grão-Ducado de Luxemburgo, em uma convenção do fã-clube europeu que foi filmado em parte pela MGM.

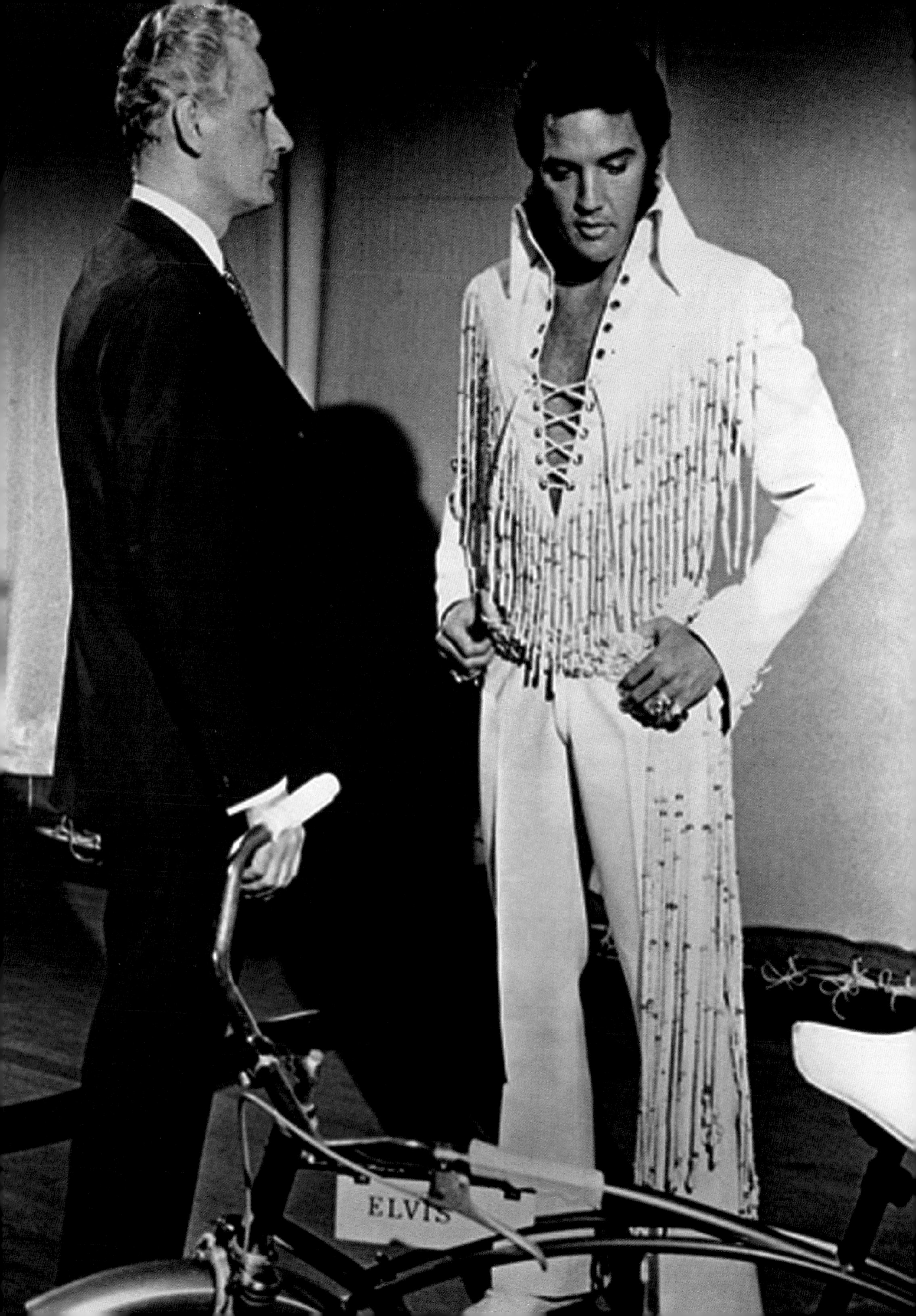
ELVIS

CAPÍTULO 10

"VIVA LAS VEGAS"

Em Las Vegas, em 1969, um grande novo hotel chamado International estava sendo construído e a notícia de que Elvis se apresentaria lá causou grande agitação entre seus fãs. Elvis foi filmado em frente ao hotel em construção no fim de fevereiro, supostamente assinando seu contrato (o verdadeiro contrato foi assinado em abril). Muito precisava ser feito, não apenas reunir uma banda.

COLEÇÃO DE LENDAS

No entanto, antes de começar os assuntos sérios, como escolher os músicos, Elvis teve tempo para relaxar no verão. Ele dividiu seu tempo entre o Havaí (com uma estadia em Coco Palms, em Kauai), Los Angeles, Palm Springs, Las Vegas e Memphis. Em casa, cavalgou pela sua propriedade de Graceland e se encontrou com os muitos fãs que se reuniam diariamente nos portões musicais.

À esquerda: O locutor da Radio Luxembourg, Peter Aldersley, aceita uma bicicleta de dois assentos utilizada no filme Elvis é Assim. *(EPFC) Abaixo: Elvis assina contrato para suas primeiras apresentações ao vivo no International Hotel, em Las Vegas (que mais tarde se tornaria o Las Vegas Hilton), em 1969. À esquerda de Elvis está Alex Shoofey, o presidente do hotel, e à sua direita, Bill Miller. (International Hotel)*

Acima: O presidente do fã-clube francês, Jean-Marc Garguillo, encontra-se com Elvis nos bastidores em Las Vegas, em 1969. (Garguillo) À direita: Jimmy Dean, cantor do grande sucesso "Big Bad John", é visto com Elvis em 1971. Elvis usava seu cinturão de campeão de ouro de Las Vegas e seu medalhão Jaycees. (Grunlund)

Como Scotty, D. J. e The Jordanaires cismaram que não sairiam de Nashville, o lendário guitarrista James Burton, de Shreveport, foi escolhido para liderar uma banda composta pelo pianista Larry Muhoberac, pelo baixista Jerry Scheff, pelo guitarrista John Wilkinson e pelo baterista de Dallas Ronnie Tutt. Charlie Hodge se juntou ao grupo, aparentemente, para tocar guitarra e harmonizar-se com Elvis, mas também como um assistente de palco para passar-lhe copos de água ou Gatorades, cuidar de presentes

A plateia havia **testemunhado** um show histórico

entregues a Elvis (e, posteriormente, entregar-lhe lenços toda hora para passar aos fãs barulhentos). Charlie também foi útil para ajudar a escolher o repertório. Para completar o som, Elvis escolheu The Imperials e The Sweet Inspirations, um grupo negro inteiramente feminino de soul, além de Lillie Kirkman, uma soprano presente em muitas de suas sessões de gravação. A orquestra do International, sob a direção de Bobby Morris, completaria a formação do palco. Elvis pediu a Bill Belew para criar seu traje de palco e Belew, da IC Costume Company, em Hollywood, surgiu com roupas de duas peças pretas ou brancas inspiradas em quimonos de caratê.

Os ensaios começaram no estúdio da RCA, na Sunset Boulevard, em meados de julho, e passaram para o International alguns dias depois. Quando Barbra Streisand, que havia inaugurado o hotel, terminou seu contrato e resolveu todos os ajustes no sistema de som recém-instalado, os ensaios continuaram na sala de exposições – a maior da cidade – com ensaios gerais na noite de estreia, em 31 de julho.

"VIVA LAS VEGAS"

Quem chegava em Las Vegas para o show de estreia, apenas para convidados, era recebido com faixas, cartazes e todo o tipo de publicidade promocional, idealizada por Tom Parker. Não podia haver dúvidas sobre quem estava de volta e quem estava na cidade! Elvis estava muito nervoso, mas quando as primeiras atrações – The Sweet Inspirations e o comediante Sammy Shore – deixaram o palco, Elvis teve uma recepção calorosa de uma plateia lotada com 2 mil celebridades. Todo o nervosismo desapareceu assim que ele cantou suas primeiras canções em um show que emocionou todos os presentes.

"Blue Suede Shoes" deu início a um show com bastante ritmo e Elvis continuou com "I Got A Woman"; em seguida, vieram os grandes sucessos, um após o outro: "Love Me Tender", "Jailhouse Rock", "Don't Be Cruel", "Heartbreak Hotel", "All Shook Up" e "Hound Dog". Ele acalmou os ânimos com "Memories", cantada pela primeira vez no especial de TV, e "My Babe" que fez o público acompanhar o ritmo com os pés. "I Can't Stop Loving You" e "In The Ghetto" mostraram seus estilos contrastantes. Elvis podia cantar qualquer coisa de um jeito único. "Suspicious Minds" foi nada menos do que uma revelação, já que ele alongou a música, o que lhe deu uma experiência verdadeira. (Ela ainda não havia sido lançada em disco.) Havia mais: um *medley* dos Beatles de "Yesterday" e "Hey Jude", "Johnny B Goode", de Chuck Berry, e a volta às raízes com "Mystery Train" e, em seguida, "Tiger Man". Uma frenética "What'd I Say" colocou a multidão em pé e Elvis desapareceu por trás da cortina dourada, apenas para reaparecer e cantar a última música, "Can't Help Falling In Love".

Abaixo: Elvis com seu prêmio Jaycees após a cerimônia em Memphis, em 16 de janeiro de 1971. À sua esquerda está Thomas Atkins, o líder do conselho da cidade de Boston – outro dos destinatários dos "Ten Oustanding Young Men Of The Year" [Dez Homens Mais Importantes do Ano]. (Memphis Bureau of Tourism)

OS ARQUIVOS DE ELVIS

Acima: Elvis, novamente com seu cinturão de ouro de campeão e a medalha do Jaycees, posa com Joe Moscheo, Terry Blackwood, Jim Murray e Armond Morales (Imperials Quartet) com o compositor Larry Gatlin. (Tunzi)
À direita: Elvis e o monstro da música country, Glen Campbell, admiram o troféu de Elvis em sua suíte no International Hotel, em 1971. (Granlund)

A plateia havia testemunhado um show histórico (que a RCA parece não ter tido a precaução de gravar) e um Elvis exultante voltou para os bastidores após ser aplaudido em pé. A imprensa já procurava por superlativos para descrever o acontecimento. Em uma coletiva de imprensa realizada logo depois, Elvis disse que aquela havia sido uma das noites mais emocionantes de sua vida. Ele desejava voltar aos shows porque "sentia falta do contato ao vivo com a plateia. Ficava cada vez mais difícil cantar para uma câmera o dia todo".

Na noite de encerramento, Elvis ficou no palco por mais tempo do que o previsto

Durante as quatro semanas seguintes, Elvis fez dois shows noturnos (jantar e coquetel) e, entre 21 e 26 de agosto, a RCA gravou ao vivo, sob a supervisão de Felton Jarvis. A essa altura, um Elvis mais relaxado incluía um longo e bem-humorado monólogo sobre sua carreira e cantava uma vasta seleção de músicas. A RCA gravou "Words", "Are You Lonesome Tonight" (incluindo uma versão hilariante) e outras canções, além de todos os sucessos bem conhecidos. Muitas das faixas ao vivo formaram a parte de Vegas de *From Memphis To Vegas/From Vegas To Memphis*, seu primeiro álbum duplo, lançado em outubro de 1969. (A parte de Memphis compreendia canções gravadas recentemente que não constavam em *From Elvis In Memphis*).

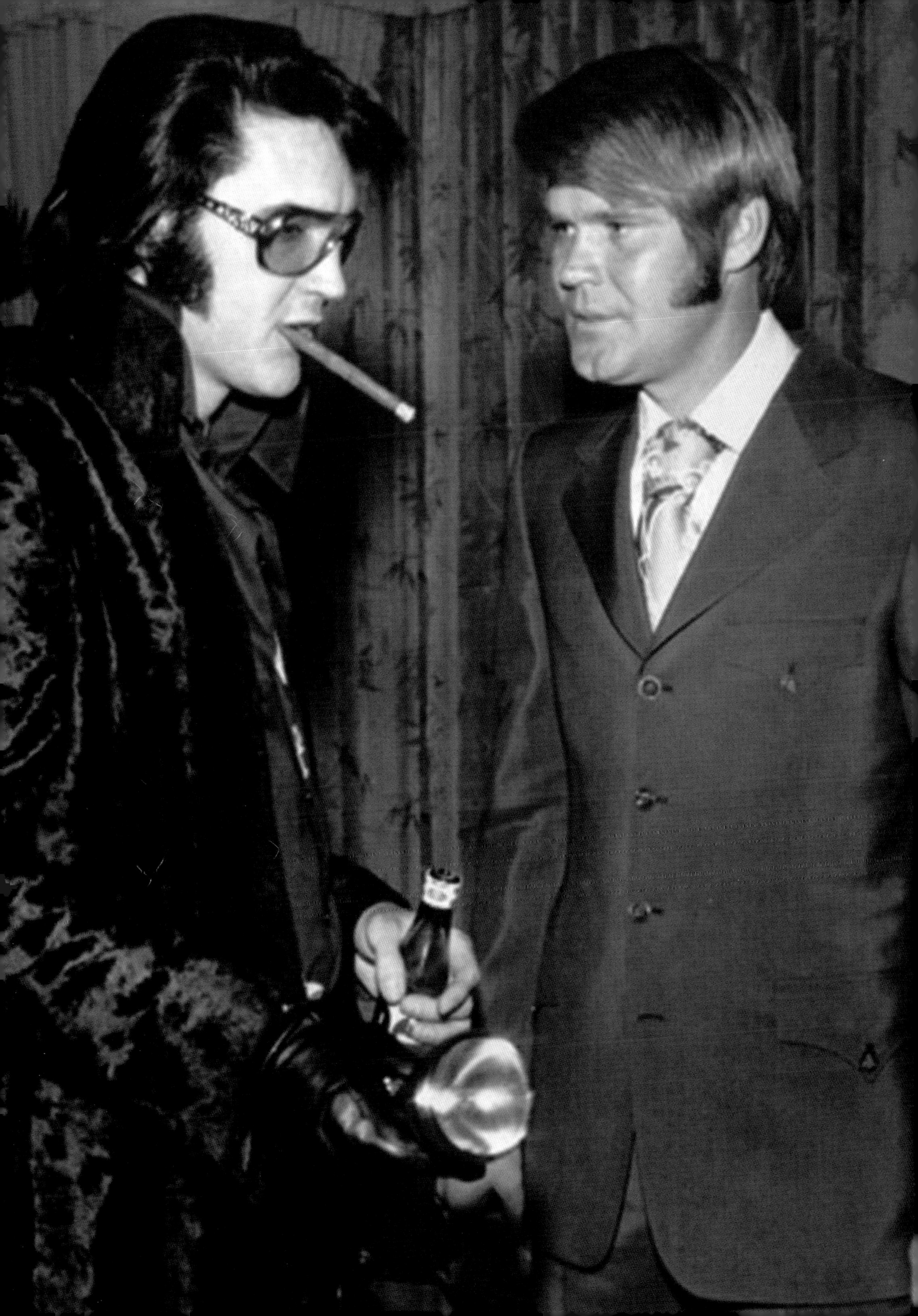

Hardin ao piano, enquanto Ronnie Tutt saiu (temporariamente) e Bob Lanning assumiu como baterista.

O repertório de Elvis agora incluía "Sweet Caroline", "The Wonder Of You", "Let It Be Me", "Proud Mary" e a nova e arrebatadora "Polk Salad Annie". A RCA fez gravações em meados de fevereiro para um álbum chamado *On Stage*, que foi lançado em junho.

À esquerda: Mona Granlund, esposa do presidente do fã-clube norueguês, Pal Granlund, presenteia Elvis com um disco de platina da RCA de Oslo. (Granlund)
À direita: Em 1971, Elvis tornou-se um orgulhoso proprietário do primeiro carro Stutz Blackhawk italiano feito à mão importado para os Estados Unidos. (Tunzi)

Na noite de encerramento, Elvis ficou no palco por mais tempo do que o previsto (55 minutos a uma hora) e deu o que mais tarde se chamaria de um "show para os fãs", cantando "Lawdy Miss Clawdy" e "Blueberry Hill" ao piano.

Como um primeiro passo para sair em turnê, Elvis fez seis shows no imenso Astrodome, em Houston, em 27 e 28 de fevereiro e em 1º de março, como parte do Houston Livestock Show and Rodeo. As condições não eram ideais; ele teve de se apresentar em um palco no meio da vasta arena e o som era péssimo.

Quando Elvis quebrou o recorde, em 28 de agosto, ele havia tocado para 101.500 pessoas e arrecadado mais de 1,5 milhão de dólares, outro recorde de Vegas. O hotel presenteou Elvis com um cinturão de campeão em ouro, enfeitado com diamantes.

Com tempo livre, Elvis passou o restante do ano entre seus lugares prediletos – Los Angeles, Las Vegas, Palm Springs e Memphis. Em outubro, levou Priscilla e vários amigos para o Havaí, em uma viagem financiada pelo International, como um presente de agradecimento a Elvis. Os planos de Elvis de continuar suas férias na Europa foram sabotados pelo coronel Parker, que achava que os fãs não gostariam se Elvis não se apresentasse. Em vez disso, ele tirou férias em Nassau, nas calmas Bahamas.

A segunda temporada em Las Vegas ficou marcada para o início de 1970, quando os primeiros macacões surgiram. Eles eram pretos ou brancos, com cintos de macramê e acabamentos diferentes, e também foram criados por Billy Belew. O contrato teve início em 26 de janeiro; Larry Muhoberac foi substituído por Glen D.

As plateias em todos os lugares o acolheram calorosamente

Todavia, a multidão, um recorde de público, estava feliz apenas por vê-lo. A apresentação na noite de sábado arrastou um incrível público de 43.614 pessoas. Enquanto estava em Houston, Elvis concedeu algumas coletivas à imprensa e foi presenteado com vários discos de ouro por sucessos recentes.

Depois de alugar residências em Palm Springs, no início de abril, Elvis comprou uma

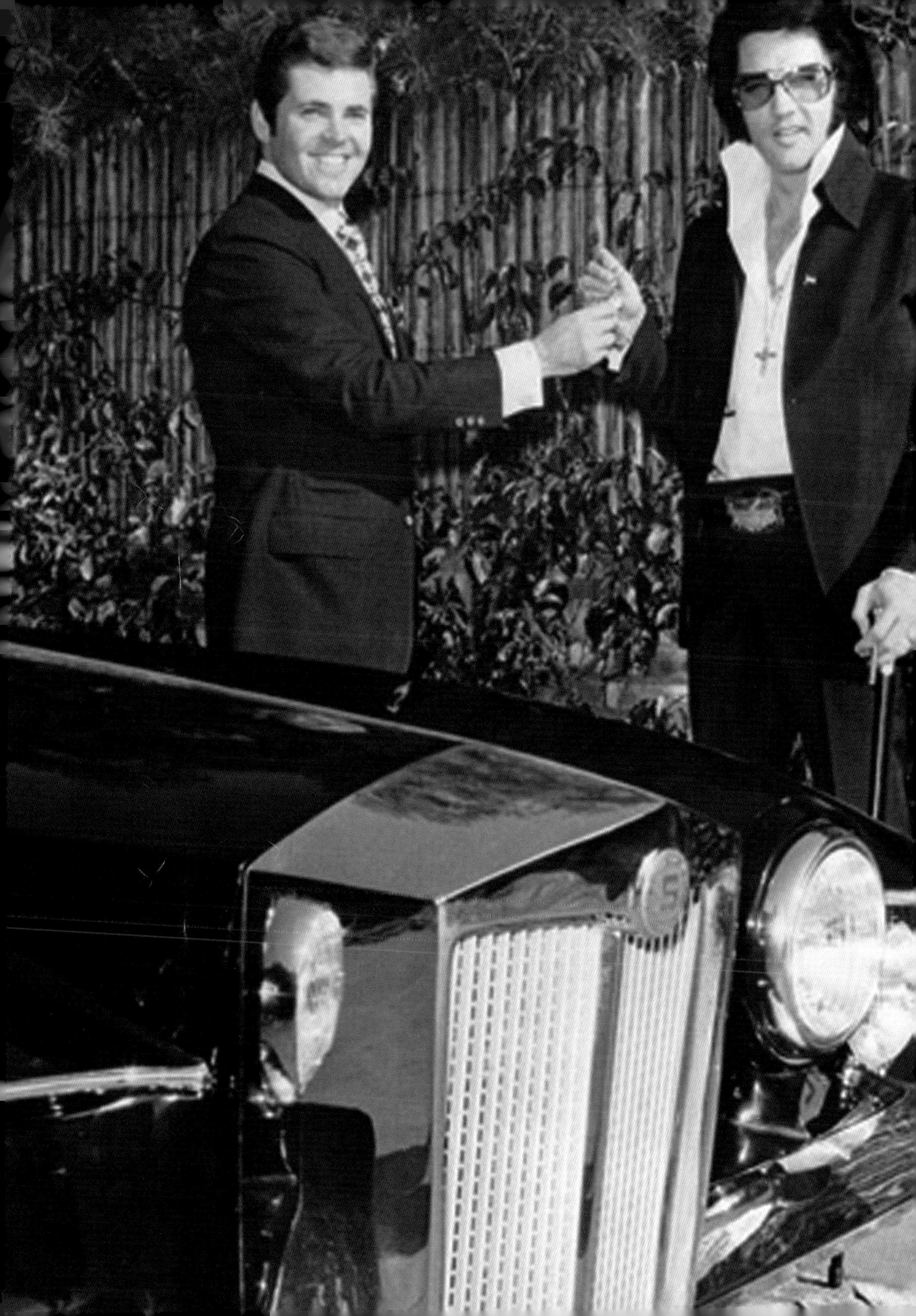

casa na Chino Canyon Road, nº 845, e, alguns dias depois, presenteou-se com um carro novo, uma limusine Mercedes preta.

Uma gigantesca sessão de gravação aconteceu no Studio B entre 4 e 8 de junho. O produtor Felton Jarvis trabalhava agora em tempo integral para Elvis, e James Burton tocou na sessão. Entre as mais de 30 canções gravadas, houve diversas seleções para um álbum com tema country, músicas para novos *singles* e melodias para um álbum a ser lançado em conjunto com um projeto exclusivo de filme. As músicas escolhidas para *Elvis Country* incluíam "Faded Love", uma admirável e descontraída "Funny How Time Slips Away" e "Little Cabin On The Hill". As faixas destinadas aos *singles* incluíam "I've Lost You" e "You Don't Have To Say You Love Me". Na verdade, Elvis gravou músicas suficientes para completar um novo álbum, intitulado *Love Letters*, com suas "sobras".

ELVIS É ASSIM

Decidiu-se que a MGM documentaria Elvis Presley nas apresentações, filmando-o tanto nos ensaios como no palco do International. O filme chamado *Elvis é Assim* possibilitaria que os fãs do mundo todo vissem seu show brilhante de Vegas. Os ensaios nos estúdios da MGM, em Culver City, em julho, foram filmados. Mais ensaios (não filmados) aconteceram no estúdio da RCA na Sunset Boulevard. Os ensaios finais no International também foram filmados. Via-se um Elvis nervoso antes do show de estreia em 10 de agosto; esse e diversos shows seguintes foram filmados, em parte, pelo diretor Denis Sanders. Alguns dos fãs da Califórnia foram filmados para inserções no filme, assim como os funcionários no International. Sanders até enviou uma equipe a Luxemburgo para filmar a convenção europeia de fã-clubes, em 5 de setembro, organizada pelo fã-clube britânico e apoiada por Tony Prince e pela Radio Luxembourg. Um bom número de fãs britânicos estava presente e animado porque "The Wonder Of You" estava no topo das paradas de sucesso do Reino Unido.

Para essa temporada no International, Joe Guercio assumiu o cargo de chefe da orquestra e Ronnie Tutt voltou à bateria. No meio da temporada, depois que a equipe da MGM e as câmeras foram embora, Kathy Westmoreland ("A menina com a bela voz fina", como Elvis muitas vezes a chamava) ficou no lugar de Millie Kirkham, que retornou para Nashville em definitivo. Novas músicas dessa vez incluíam "Bridge Over Troubled Water", um *medley* de "Llittle Sister" e "Get Back", "You've Lost That Lovin' Feelin'", "Just Pretend" e a bela "I Just Can't Help Believin'". Vários novos macacões brancos estrearam e uma roupa com franja foi especialmente admirada pelos fãs. Após o último show, em 7 de setembro, Elvis foi para a estrada, apresentando-se em seis cidades, a começar por Phoenix, no dia 9, seguida por St. Louis, Detroit, Miami e Tampa, e encerrando em Mobile. As plateias em todos os lugares o acolheram calorosamente e ele revelou que se sentia de volta às origens entre os fãs. Para as suas turnês dos anos 1970, Elvis não teve escolha a não ser voar de cidade em cidade.

Antes de iniciar a turnê seguinte, Elvis fez uma curta sessão de gravação em Nashville em 22 de setembro, em que gravou apenas quatro músicas, entre as quais "Whole Lotta Shakin' Goin' On" e "Snowbird", para completar o seu futuro álbum country. Ele foi nomeado delegado do condado de Shelby County, no Tennessee (com licença para portar arma de fogo), e comprou um carro preto italiano caríssimo modelo Stutz. Deu também entrada em uma nova residência na Califórnia, em Monovale Drive, nº 144, em Holmby Hills, e presenteou os membros da sua comitiva, os músicos e outros amigos com pingentes de ouro pela ajuda que davam cuidando de seus negócios... em um piscar de olhos. As mulheres próximas a Elvis mais tarde receberam colares TLC (*Tender Loving Care*).

"VIVA LAS VEGAS"

Acima: George Parhill, da RCA, entrega a Elvis um prêmio pela venda de 3 milhões de cópias do álbum Live At Madison Square Garden *– o único álbum ao vivo de Elvis, gravado em Nova York na época. (RCA)*

A turnê seguinte teve início em 10 de novembro, em Oakland, e passou por várias cidades da costa oeste norte-americana, antes de encerrar em Denver. O show de Inglewood Forum, em Los Angeles, foi notável por Elvis usar uma roupa espetacular com mangas morcego e franjas bem longas. Ele, um tanto atípico, lembrou à multidão que tinha 56 *singles* e 14 álbuns de ouro e que havia vendido 200 milhões de discos.

Enquanto Elvis estava em turnê, *Elvis é Assim* estreou nos Estados Unidos, em 11 de novembro. (Os fãs na Europa só poderiam vê-lo no semestre seguinte.) O filme foi uma revelação. O Elvis de *Elvis é Assim* era muito diferente do Elvis dos filmes dos anos 1960. O jeito de olhar, de cantar, de se mexer – tudo nele era diferente. Ele parecia, como no especial de retorno, o rei da compostura. A única coisa chata no filme eram as inserções de fãs. (Em 2000, uma edição especial do filme foi lançada sem as inserções irritantes, e com mais ensaios e gravações no palco. Antes disso, em 1992, um vídeo chamado *The Lost Performances* incluiu muitas canções não inseridas no filme original, bem como fascinantes cenas do ensaio).

Instigado por seu pai e Priscilla sobre gastos excessivos, em 19 de dezembro, ele voou (por conta própria) de Memphis para Washington DC e de lá para Los Angeles para pegar seu amigo Jerry Schilling e voltar no dia seguinte para Washington, onde um outro amigo, Sonny West, juntou-se a eles. Uma sucessão extraordinária de eventos ocorreu. Elvis deixou uma carta para o presidente Nixon na Casa Branca, no início da manhã de 21 de dezembro. Um encontro foi concedido e, mais tarde naquele dia, Elvis estava dentro do Salão Oval, mostrando fotos recentes de Priscilla e Lisa Marie para Nixon. Ele pediu ajuda ao presidente para obter um cobiçado distintivo da Federal Narcotics Officers (ele era um ávido colecionador de distintivos policiais) e apresentou seus dois amigos ao predidente. Após o Natal em Graceland, Elvis voltou a Washington, em 30 de dezembro, com vários amigos e, no dia seguinte, fez um passeio especial pelo quartel-general do FBI. Em seguida, voou para casa para a sua festa anual de véspera do Ano-Novo.

Todo ano, Jaycees (Junior Chambers of Commerce [Câmara Júnior do Comércio]) escolhia seus dez jovens proeminentes no país. Elvis foi indicado e escolhido como um dos homenageados de 1970. As cerimônias ocorreram em Memphis, em 16 de janeiro de 1971. Um café da manhã de oração no Holiday Inn-Rivermont, às margens do Mississipi, foi seguido por uma recepção para os vencedores do prêmio em Graceland, um jantar oferecido por Elvis em um restaurante de Memphis e a cerimônia de pre-

Elvis tinha um novo endereço: Elvis Presley Boulevard, nº 3.764

miação no Ellis Auditorium à noite. Gentilmente, ele aceitou o prêmio – um par de mãos cor de prata e um medalhão combinando – e disse à assembleia que "todo sonho que eu já tive tornou-se realidade centenas de vezes", uma citação da famosa música "Without A Song".

Acima: O presidente Richard Nixon encontra-se com o rei do rock no Salão Oval da Casa Branca, Washington DC, em 21 de dezembro de 1970. (The Nixon Archieves)

O pontapé inicial da quarta temporada em Las Vegas foi dado em 26 de janeiro e, pela primeira vez, "2001, A Space Odissey" foi tocada antes da entrada de Elvis no palco. Um dos destaques dos shows foi "How Great Thou Art", uma música cantada com vigor a que o público de Las Vegas respondeu com entusiasmo. Elvis cantou "The Impossible Dream", dessa vez como música de encerramento.

Em uma sessão curta no Studio B em março, Elvis gravou "Amazing Grace" e outras três canções antes de a sessão ser cancelada após Elvis ser internado no hospital com glaucoma. Dois meses depois, ele voltou a Nashville e se dedicou a uma sessão de seis dias, principalmente para gravar músicas gospel e de Natal, seguida de uma terceira sessão, em junho, para gravar mais faixas gospel. Em outubro de 1971, as faixas sazonais foram lançadas no *Elvis Sings The Wonderful World of Christmas,* um álbum notável pela sua capa com *design* infantil, mas também pelo excelente blues "Merry Christmas Baby". A maioria dos *singles* e álbuns de Presley já não chegavam mais aos primeiros lugares das paradas. Mesmo a bela "I'm Leavin'", um *single* lançado em junho, atingiu apenas o 36º lugar. O álbum de Natal sequer entrou para as paradas.

"VIVA LAS VEGAS"

A casa em que Elvis nasceu, em Tupelo, havia sido reformada e a mobília dos anos 1930 deu uma aparência autêntica a ela. Em 1º de junho, foi aberta ao público. Para não ficar para trás, a câmara municipal de Memphis anunciou que um trecho de 12 quilômetros da Highway 51 Sul passaria a ser conhecido como Elvis Presley Boulevard. Quando foi oficialmente publicado, no início de 1972, Elvis tinha um novo endereço: Elvis Presley Boulevard, nº 3.764.

A única outra boate em que Elvis tocou nos anos 1970 foi a Sahara, em Lake Tahoe, na pitoresca Nevada, ao norte, com vista para o lago e de frente para o ensolarado estado da Califórnia. Sua primeira temporada lá, no High Sierra Room, foi de duas semanas, com início em 20 de julho. A pequena sala de show lotava todas as noites. No show de encerramento, em 2 de agosto, Elvis tinha quebrado o recorde de público. Apenas sete dias depois, ele estreou no recém-renomeado Las Vegas Hilton. Suas roupas estavam ficando mais chamativas, com botões de ouro e muito brilho. No show de encerramento, em 6 de setembro, ele usou uma capa pela primeira vez. No fim da temporada, em 28 de agosto, Elvis recebeu com orgulho o prêmio pela carreira da National Academy of Recording Arts and Sciences.

Ele saiu em turnê em novembro, emocionando plateias lotadas em diversas cidades, como Cleveland, Boston e Dallas, e usando macacões brancos ou pretos enfeitados e brilhantes com capas combinando. The Imperials foram substituídos por J. D. Sumner e The Stamps. Quando adolescente, Elvis havia conhecido a voz grave de Sumner no canto gospel em Memphis, nos anos 1950.

Apesar de todo o sucesso dos shows em hotéis em Nevada e na estrada, as coisas começavam a dar errado na vida pessoal de Elvis. O relacionamento entre ele e Priscilla ficou tenso durante o Natal e ela voou para Los Angeles com Lisa Marie, deixando Elvis sozinho para receber os convidados na pequena festa de Ano-Novo em Graceland.

Durante a temporada seguinte no Hilton, de 26 de janeiro a 23 de fevereiro de 1972, a RCA fez gravações ao vivo. Números novos de Elvis eram "It's Over" e "You Gave Me A Mountain", que ele sempre insistiu não terem nada a ver com o fim do seu casamento. Havia outras músicas estupendas, conhecidas como trilogia americana, que emendavam três melodias com cara de hino, "Dixie", "Battle Hymn Of The Republic" e "All My Trials".

Um segundo documentário foi filmado pela MGM na primavera, seguindo Elvis e companhia tocando em arenas imensas nos Estados Unidos. *Elvis Triunfal* também o mostrou nos ensaios no estúdio da RCA, em Los Ageles, nos bastidores de alguns locais, além de filmar Vernon Presley em Graceland. Algumas imagens dos anos 1950, fornecidas pelo fã-clube britânico, completaram esse filme fascinante. A técnica da tela dividida foi empregada e Elvis deu aos produtores Pierre Adidge e Robert Abel uma entrevista, da qual partes foram utilizadas para narrar o filme. *Elvis Triunfal* não se saiu tão bem quanto *Elvis é Assim* na bilheteria. Foi mais um filme só para os fãs – e os fãs adoraram! Foi escolhido como o melhor documentário de 1972, ganhando um Globo de Ouro.

Pouco antes do início das filmagens, Elvis havia gravado no estúdio da RCA em Hollywood, usando, pela primeira vez, a maioria de seus músicos de palco em uma sessão. Entre as canções gravadas, estavam dois futuros clássicos, "Always On My Mind" e "Burning Love", além de uma música que Red West havia coescrito chamada "Separate Ways", que só podia aludir à separação de Elvis e Priscilla.

Enquanto Elvis filmava em turnê em abril, *He Touched Me* foi lançado. A qualidade do álbum gospel nunca esteve em dúvida, com belas canções como "An Evening Prayer" e "A Thing Called Love", e esse álbum, que nunca deixou de vender, deu a Elvis seu segundo Grammy.

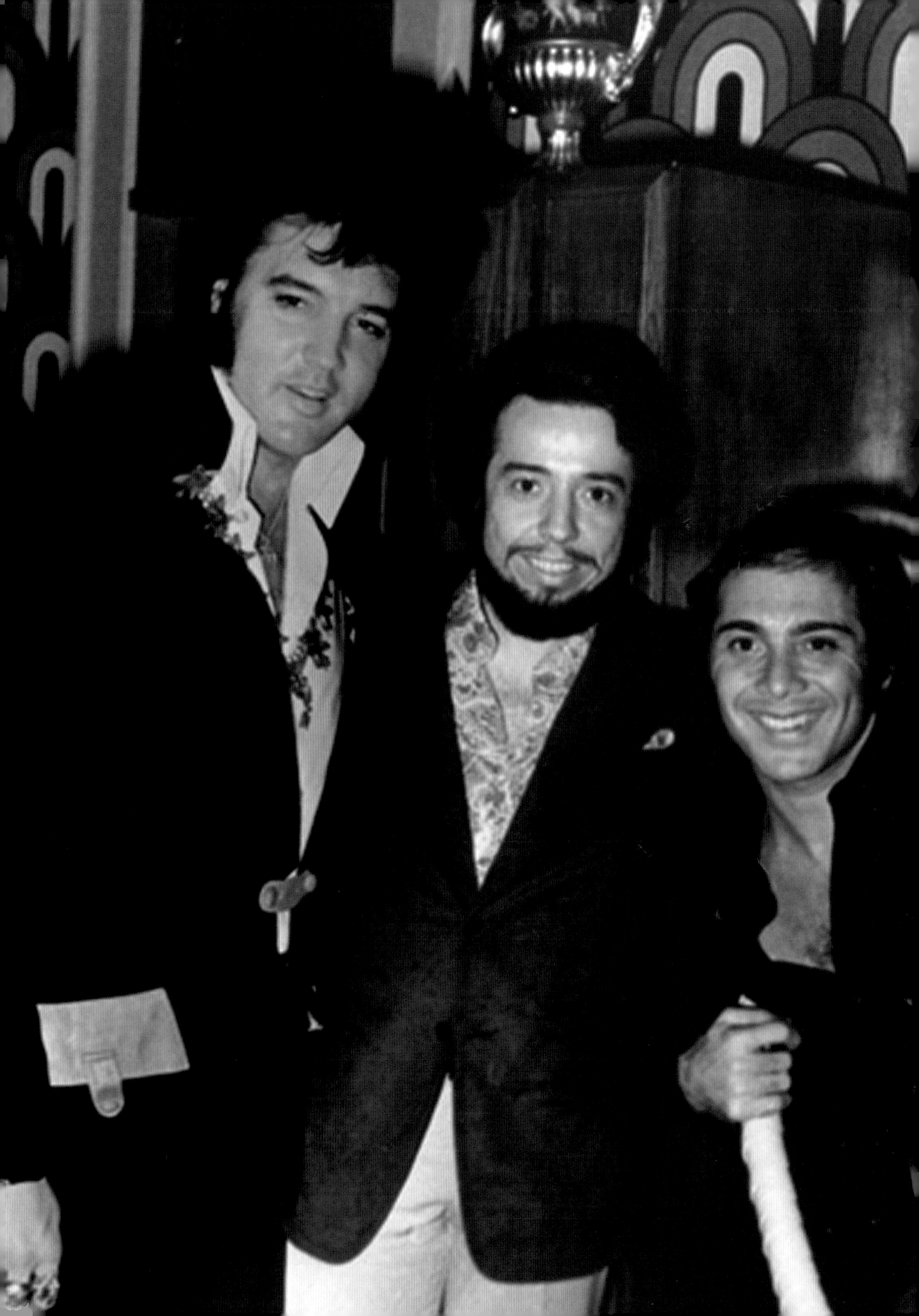

"VIVA LAS VEGAS"

A turnê seguinte decolou com quatro shows esgotados no jardim da Madison Square, em Nova York, entre 9 e 11 de junho. Cerca de 80 mil pessoas testemunharam esses shows históricos e Elvis encantou o resistente público de Nova York – e a imprensa. A resenha do *New York Times* concluía: "(...) um herói, o único em sua classe". Antes dos shows, houve uma coletiva de imprensa no New York Hilton, onde ele disse que era muito difícil viver à altura de uma imagem e encontrar um novo material de qualidade. Perguntado sobre as críticas aos seus movimentos nos anos 1950, respondeu: "Cara, eu era manso comparado com o que fazem agora (...) eu não fazia nada a não ser balançar!".

A RCA gravou ambos os shows do dia 10 de junho. O show da noite foi lançado rapidamente em LP em 18 de junho e atingiu o 11º lugar nas paradas, recebendo um disco de ouro. O restante da turnê de junho presenciou uma arena esgotada atrás da outra.

À esquerda: Paul Anka (direita) com seu empresário (centro) e Elvis em Las Vegas. Agosto de 1972. (Granlund)
À direita: O ator, comediante e cantor Jimmy Durante nos bastidores com Elvis, em Las Vegas. (Granlund)

Elvis disse que era muito difícil viver à altura de uma imagem

No fim de julho, vazou a notícia sobre a separação de Elvis e Priscilla. Os boateiros lançaram rumores de que ele estava tão chateado que cancelaria seu contrato seguinte em Las Vegas. Um grande grupo de admiradores do fã-clube britânico, prestes a fazer sua primeira viagem aos Estados Unidos para assistir aos shows no Hilton, esperava ansioso que os rumores fossem mentira. Eles não precisavam se preocupar, Elvis era um profissional. O(s) show(s) tinha(m) de continuar. E, de todo modo, ele tinha uma belíssima nova namorada, a rainha da beleza de Memphis, Linda Thompson.

CAPÍTULO 11

OS DIAS TORNAM-SE MAIS LONGOS E AS NOITES... BEM, AS NOITES TÊM MIL OLHOS

Elvis estreou no Hilton, em 4 de agosto de 1972, e alterou seu traje de palco vestindo ternos com camisas coloridas por baixo. Novas músicas incluíam "What Now My Love", "My Way", "I'll Remember You" e "Fever". Após o trauma de sua separação, ganhou alma nova pelo apoio de seus fãs. Quando o fã-clube britânico chegou a Las Vegas depois da primeira visita a Nashville, Tupelo e Memphis, Elvis tinha voltado a usar macacões com capa. Os fãs puderam assistir a vários shows e, a partir do momento em que compreenderam o sistema de reservas, muitos lugares já estavam garantidos perto do palco. Todd Slaughter, presidente do fã-clube, Tony Prince, da Radio Luxembourg, e outras pessoas do grupo estiveram com Elvis nos bastidores.

À direita: O radialista Tony Prince, da Radio Luxembourg, e o secretário do fã-clube britânico, Todd Slaughter, entregam a Elvis o New Musical Express Award pela categoria O Maior Artista do Mundo na enquete anual dos leitores de jornais de música. Prince gravou uma extraordinária entrevista para a 208. (EPFC)

À esquerda: Dez integrantes da primeira viagem do fã-clube britânico encontram-se com o rei do rock em 4 de setembro de 1972. Ao todo, cerca de um terço dos integrantes da primeira viagem conseguiu convencer o coronel Parker a permitir que entrassem nos bastidores. (EPFC)

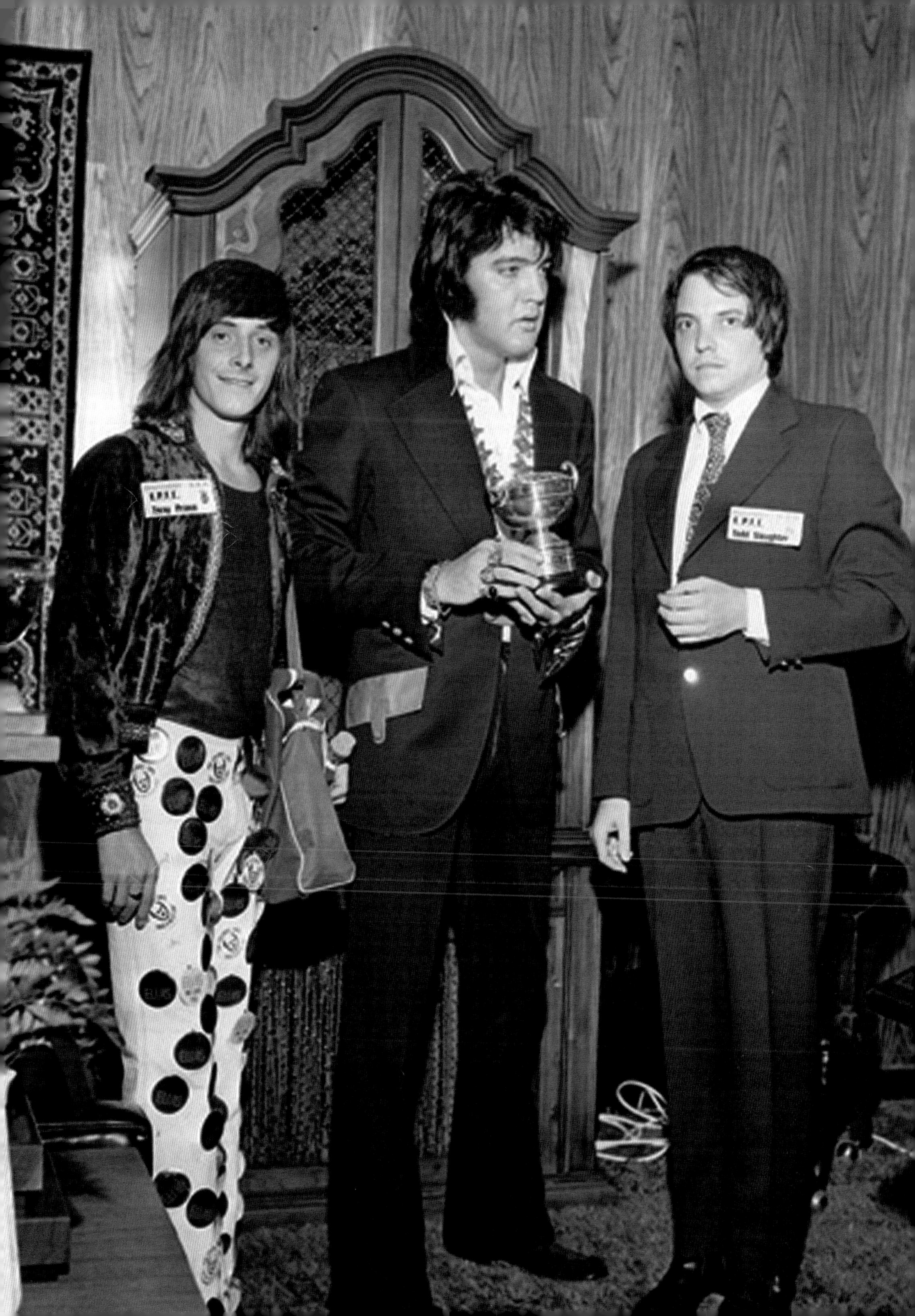

Acima: O presidente do fã-clube italiano, Livio Monari, nos bastidores com Elvis em Las Vegas, em agosto de 1972. (Monari)

Elvis ao vivo era extraordinário. Os discos, as fotos ou suas roupas cintilantes nas fotos não fazem jus à sua voz expressiva. Realmente felizes foram os fãs que viram Elvis ao vivo. Mais ainda eram aqueles que conseguiam um beijo ou um lenço, como o que foi recebido com muito amor por Anne E. Nixon. A iluminação do palco da casa de shows acrescentava muito às canções dramáticas como "You've Lost That Lovin' Feelin'", à *sexy* "Fever" ou à emocionante sequência "Mistery Train"/"Tiger Man". Uma vez que você visse Elvis ao vivo, desejaria vê-lo de novo e de novo.

UM SHOW ESPECIAL

Após o show de encerramento, em 4 de setembro, Elvis deu uma entrevista coletiva no salão de baile, no 30º andar do Hilton, para promover um show especial que faria no mês de janeiro seguinte, *Aloha From Hawaii Via Satellite*. "É difícil entender que isso acontece a todos os países em todas as partes do mundo", disse ele e acrescentou que os shows ao vivo eram sua parte favorita do negócio.

"Burning Love" foi lançada em agosto e chegou ao segundo lugar nas paradas de sucesso, dando mais um disco de ouro à coleção de Elvis.

A turnê de novembro incluía encontros no Havaí, no HIC (Honolulu International Centre), o mesmo local que seria usado para o programa de televisão via satélite. Quando os shows acabaram, no Hawaiian Village Hotel, em 20 de novembro, houve outra coletiva de imprensa para anunciar que o show via satélite seria em benefício do Kui Lee Cancer Fund. "É um grande privilégio fazer este show via satélite", disse Elvis, "farei o possível e todas as pessoas que trabalham para mim farão um bom show. É apenas puro entretenimento, sem mensagens (...) apenas tentar fazer as pessoas felizes naquela hora que a gente se encontra. Se conseguirmos isso, fizemos o nosso trabalho".

Elvis viajou para o Havaí em 9 de janeiro de 1973 e começou os ensaios. O produtor e diretor Marty Pasetta havia projetado um *set*

À direita: Las Vegas, 17 de fevereiro de 1973: Depois do programa de televisão Aloha From Hawaii, *Matt Esposito, gerente do Honolulu International Centre, entrega a Elvis um prêmio da American Cancer Society por arrecadar 75 mil dólares para o Kui Lee Cancer Fund.*

É um grande privilégio fazer este show via satélite

no HIC que incluía uma rampa. Por segurança, um ensaio geral com o público foi gravado na sexta-feira, 12 de janeiro, mas o show ao vivo, na madrugada de domingo, 14 de janeiro, transcorreu sem problemas. Em ambos os shows, Elvis vestia um surpreendente macacão branco e uma capa com um desenho da

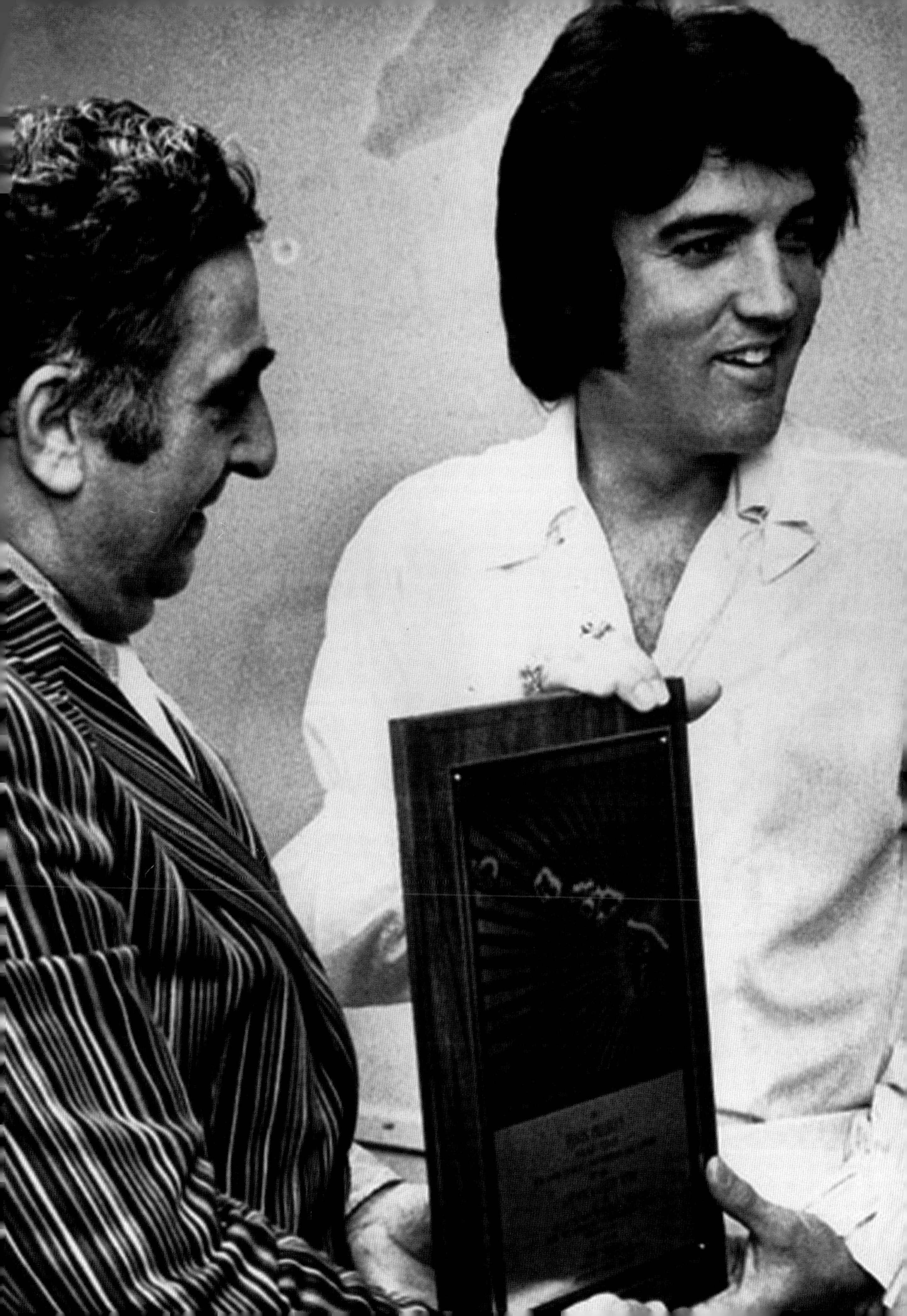

Acima: Christina e Börje Lundburg um repórter de um jornal sueco com Elvis nos bastidores no Hilton em setembro de 1973 (Expressen)

águia americana em pedras vermelhas, azuis e douradas, e aceitou os colares havaianos dos fãs que se reuniram em volta da rampa. Elvis deu ao público no HIC e aos 500 milhões de telespectadores no Extremo Oriente e na Australásia um programa que incluiu desde os clássicos dos anos 1950 a canções novas, como "Steamroller Blues" e "Welcome To My World". Depois de anunciar que o público havia doado 75 mil dólares para o Kui Lee Cancer Fund, Elvis cantou a adorável "I'll Remember You", de Lee, e recebeu aplausos calorosos. Após a saída do público, ele cantou várias outras canções a serem incluídas em um especial que seria exibido nos Estados Unidos. Os telespectadores tiveram de esperar até 4 de abril, quando a NBC mostrou o show de 90 minutos, que obteve enorme audiência. Vários países europeus exibiram o show (o de 60 minutos) nos dias seguintes ao programa. Um LP duplo do show *Aloha* foi lançado em fevereiro, o que levou Elvis de volta ao primeiro lugar nas paradas norte-americanas de álbuns pela primeira vez desde 1965.

Na estreia de seu sucesso via satélite, Elvis voltou ao Hilton e, entre 26 de janeiro e 23 de fevereiro, encantou os fãs que lotaram a casa de shows todas as noites, embora um acometimento de doença tenha forçado o cancelamento de alguns shows. Em um show, quatro homens subiram no palco e foram repelidos por um Elvis enfurecido e seus guarda-costas. Uma rampa havia sido acrescentada à casa de shows e ficaria lá pelas temporadas seguintes.

Quando Elvis começou sua turnê seguinte, em abril, o baixista Emory Gordy substituiu

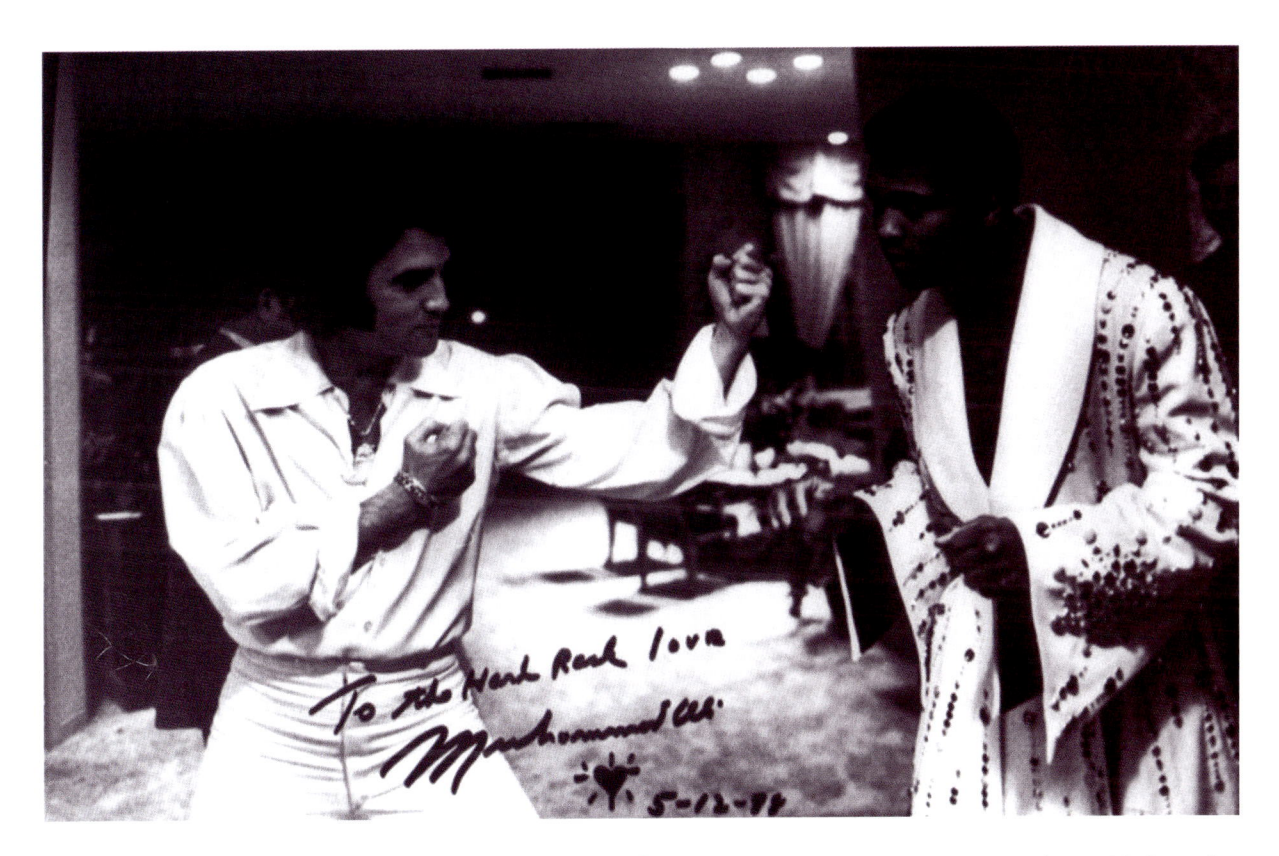

OS DIAS TORNAM-SE MAIS LONGOS E AS NOITES... BEM, AS NOITES TÊM MIL OLHOS

Jerry Scheff. Elvis fez uma segunda temporada no Sahara Tahoe em maio, que incluiu um show especial na madrugada do Dia das Mães em benefício de um hospital local. Uma doença forçou-o a cancelar os últimos dias do contrato.

Na turnê de ponta a ponta do país em julho, Elvis parou de usar as capas porque os fãs estavam a ponto de puxá-lo para fora do palco. Depois, naquele mês, Lisa Marie chegou a Graceland para passar as férias com o pai.

Em 20 de julho, Elvis entrou nos Stax Studios em Memphis (o American havia fecha-

Elvis estava de bom humor, brincando e improvisando nas músicas

do a essa altura). James Burton e Ronnie Tutt ajudaram a levantar uma sessão normalmente considerada decepcionante, embora Elvis tenha gravado músicas com uma pegada funk, como "If You Don't Come Back" e "Find Out What's Happening". Ele voltou à Stax em dezembro de 1973 e gravou algumas faixas muito boas, que incluíam "Loving Arms", "Good Time Charlie's Got The Blues'" e "Promised Land", de Chuck Berry.

Acima: Muhammad Ali instiga Elvis em sua suíte do Hilton Hotel em Las Vegas, em fevereiro de 1973. Elvis dá a Ali um roupão bordado e Ali um par de luvas de boxe assinado. (Granlund)

Os associados do fã-clube britânico que viram Elvis se apresentar no Hilton naquele verão foram agraciados com os melhores shows. Elvis estava de bom humor, brincando e improvisando nas músicas. Todd Slaughter e Tony Prince, radialista da Luxembourg, estiveram com ele nos bastidores novamente. A única desvantagem para os fãs que assistiram a vários shows foi ter de ouvir as mesmas piadas do comediante Jackie Kahane, que acompanhava Elvis desde 1971. O contrato durou de 6 de agosto a 3 de setembro e foi a última temporada de quatro semanas de Elvis.

VENDA DO LEGADO

Em 1973, o coronel Parker causou polêmica ao vender os direitos das gravações de Elvis anteriores a 1973 para a RCA por 5,4 milhões de dólares, assim, Elvis não teria direito a futuros *royalties* desse seu catálogo de antigos clássicos. Parecia que ele e o coronel haviam vendido as joias da família como uma resposta a curto prazo para dívidas crescentes acumuladas por ambos. Os gastos excessivos de Elvis em presentes para seu círculo de amigos, assim como para os pobres e necessitados, e o vício do coronel Tom em apostas e máquinas de jogos haviam deixado ambos sem reservas monetárias e pouco lucro. Quando a comissão do coronel e os impostos foram deduzidos da parte de Elvis dessa venda, parecia um valor mixuruca para o seu trabalho – um dos catálogos mais valiosos na história da música popular.

Durante os anos seguintes, Elvis fez pouco além de excursionar pelos Estados Unidos. Apesar das esperanças de uma turnê mundial, ela nunca chegou a acontecer. Havia fortes rumores

À direita: Jackie Wilson, mais conhecido pelo single "Reet Petite", encontra Elvis em 1974. (Granlund)

Quando ele estreou em Las Vegas, em 26 de janeiro, parecia ótimo

Acima: Todd Slaughter entrega a Elvis o prêmio NME para melhor vocalista masculino antes do Dinner Show no Las Vegas Hilton, em 2 de setembro de 1973. (EPFC)
À direita: O jornalista de música sueco, Sten Berlind, com Elvis no Hilton, em 1973. (Expressen)

Os jornais noticiaram quando Elvis e Priscilla se divorciaram no tribunal de Santa Monica, em 9 de outubro. As fotos mostraram os dois saindo do prédio de braços dados. Poucos dias depois, mais manchetes de jornais diziam que ele estava no Baptist Memorial Hospital, em Memphis, para exames. A internação durou duas semanas. No Natal, ele parecia estar bem de novo.

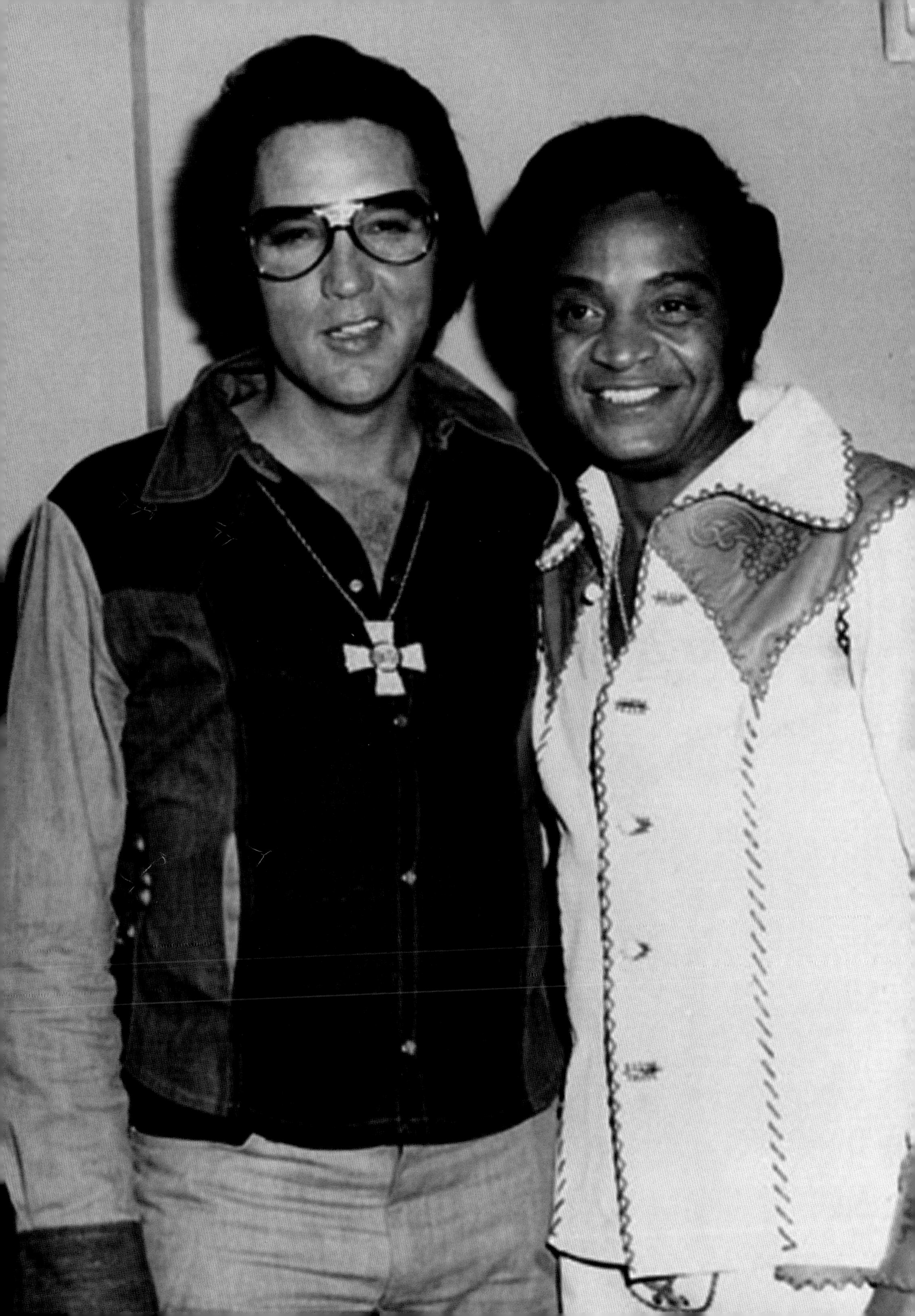

Acima: O coronel Parker abraça a sra. Wallace e o governador George com Elvis nos bastidores no Alabama, em 6 de março de 1974. (Granlund)

de que o coronel Parker era um imigrante holandês ilegal sem passaporte americano e que temia perder o controle sobre o "seu menino" caso este saísse em turnê pelo exterior. Apenas uma minoria de fãs tinha condições para viajar aos Estados Unidos a fim de ver Elvis. Sua relutância em pisar em um estúdio de gravação significava que a RCA precisava depender muito das gravações ao vivo. O coronel rejeitou ofertas de filmes, em particular *Nasce uma Estrela*, com Barbra Streisand, em 1975.

Em 1974, havia fortes rumores de que Elvis estava muito acima do peso. Quando ele estreou em Las Vegas, em 26 de janeiro, parecia ótimo. Teve músicas novas para agradar o público, como "Spanish Eyes" e "Let Me Be There"; um novo baixista, Duke Bardwell; e Voice, um grupo vocal extra. Após o show de encerramento, em 9 de fevereiro, Elvis saiu em turnê e tocou no Houston Astrodome mais uma vez, batendo seu próprio recorde de 1970, quando 44.175 pessoas testemunharam o show da noite de sábado, 3 de março. Vários shows aconteceram no Memphis's Mid South Coliseum e a RCA gravou o último em 20 de março. *Elvis As Recorded Live On Stage In Memphis* foi lançado em julho e exibia Elvis com uma boa voz e bem-humorado, divertindo seus fãs de sua cidade natal. Mais importante, a versão ao vivo de "How Great Thou Art" em álbum deu a Elvis o seu terceiro Grammy por melhor performance religiosa. Uma curta turnê na Califórnia, em maio, foi

OS DIAS TORNAM-SE MAIS LONGOS E AS NOITES... BEM, AS NOITES TÊM MIL OLHOS

Acima: Elvis com J. D. Sumner (à sua direita) e membros do Stamps Quartet. (Universal Management)

seguida por 11 dias no Lake Tahoe, embora ele tenha perdido alguns shows em virtude de uma indisposição.

Uma turnê de 25 shows pelos Estados Unidos, em junho, viu Elvis tocar para plateias superlotadas. Linda Thompson, enquanto isso, começou a redecorar Graceland, acrescentando um tapete vermelho, cortinas e cadeiras, além de pequenos tapetes felpudos e espelhos. Elvis incorporou pavões em vitrais às portas para a sala de música e, por um capricho, remobiliou seu recanto em estilo havaiano, com móveis esculpidos e artefatos. Logo esse cômodo ficou conhecido como sala da selva.

O Summer Festival anual em Las Vegas durou de 19 de agosto a 2 de setembro e foi memorável por Elvis falar sobre muitos assuntos, como rumores sobre uso de drogas, e por fazer demonstrações de caratê durante a música "If You Talk In Your Sleep", além de longas falas sobre a arte marcial em alguns shows. Ele perdeu alguns shows em virtude de uma doença. Membros do fã-clube britânico, em sua terceira viagem a Las Vegas, estavam preocupados com as histórias da imprensa, mas ficaram aliviados ao encontrar Elvis em boa forma, apenas com uma ligeira barriguinha. Ele estava cantando uma ritmada "Big Boss Man" e uma nova balada sobre um

Era evidente que algo estava errado

139

Acima: Elvis com seu instrutor de caratê de Memphis, o mestre Kang Rhee, em 1974, no dojo Rhee's Memphis. Elvis financiou a filmagem de um projeto de documentário intitulado New Gladiators, *mas o filme nunca foi concluído. (EPFC)*

amor perdido chamada "It's Midnight". Quando Priscilla e Lisa Marie assistiram ao show de encerramento (com a nova namorada dele, Sheila Ryan, que temporariamente ficou no lugar de Linda), durante "It's Midnight", Elvis disse: "Ouça, Cilla". Ele usou um figurino atrevido de duas peças de couro macio antes de voltar aos macacões nos últimos shows. Vários macacões com motivos de águias, tigres e dragões bordados com primor foram inspirados pelo interesse de Elvis em caratê. A bem da verdade, queria fazer um documentário sobre caratê. Ele havia passado para a faixa preta de oitavo grau em agosto de 1974, e seus principais instrutores eram Ed Parker, da Califórnia, e o mestre Kang Rhee, de Memphis. Algumas filmagens foram realizadas em Memphis, em setembro, porém ele acabou perdendo o interesse e o projeto nunca chegou a ser concluído.

"Promised Land" deu a Elvis um 14º lugar nas paradas de sucesso no outono. Ele saiu novamente em turnê, de 27 de setembro a 9 de outubro, porém alguns dos shows decepcionaram os fãs e era evidente que algo estava errado. Ele fez shows no Lake Tahoe em meados de outubro para compensar os shows perdidos em função da doença em maio.

À direita: Em dezembro de 1976, o troféu "Getaway" foi levado a Elvis pelo presidente do fã-clube britânico, Todd Slaughter, e Elvis mostrou-o orgulhosamente à sua plateia do Hilton. (Dave Reynolds)

Em 8 de janeiro de 1975, Elvis completou 40 anos de idade e passou seu aniversário tranquilamente em Graceland. Seu retorno a Las Vegas foi adiado por sua saúde debilitada e, em 29 de janeiro, foi internado no Baptist

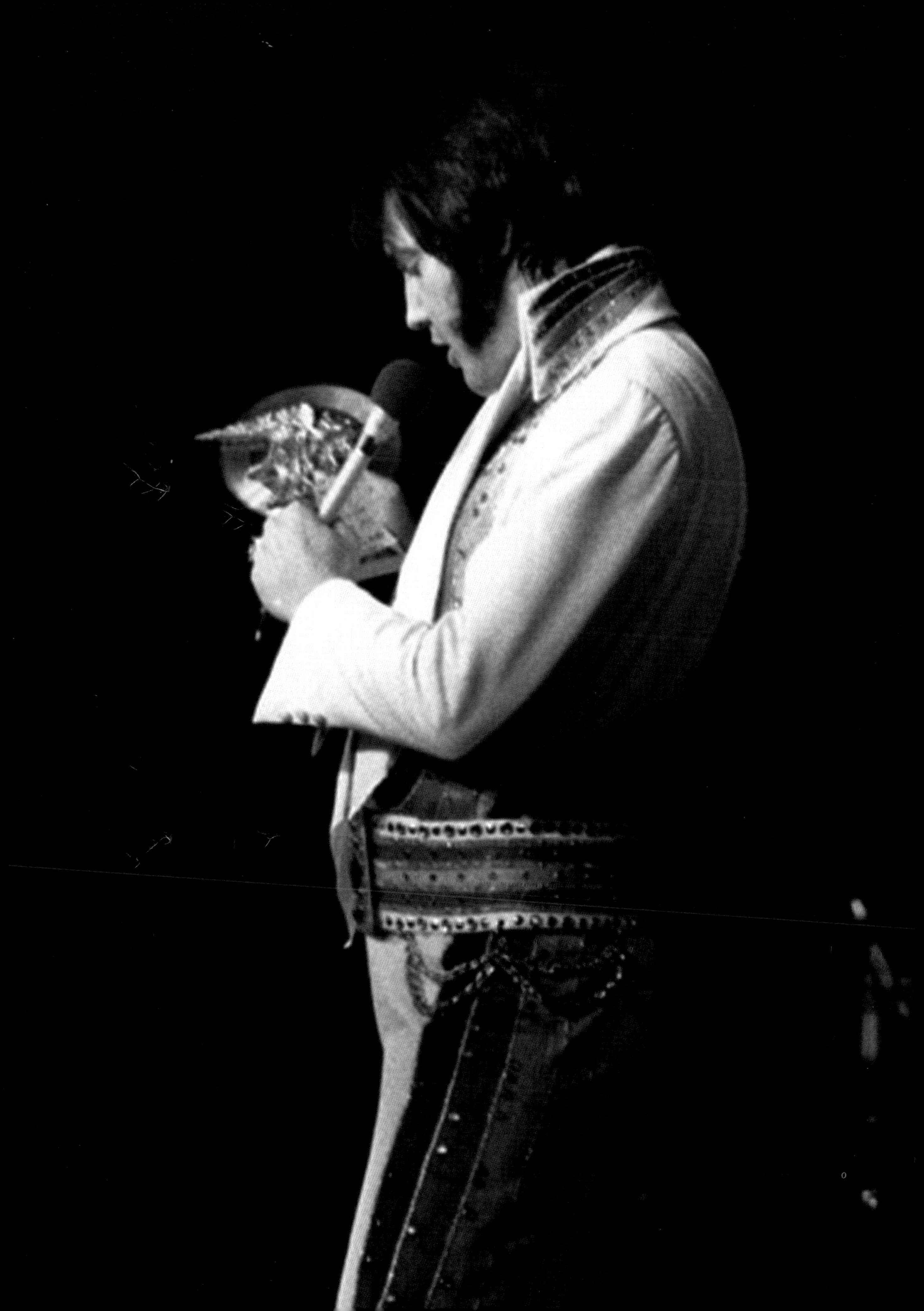

OS ARQUIVOS DE ELVIS

Era o bicentenário dos Estados Unidos e ele cantou "America The Beautiful"

Abaixo: Ed Parker era o mestre do Kempo Karate Institute. Ele era considerado um deus por seus seguidores, mas optou por atuar como guarda-costas de Elvis nas turnês sem remuneração. Mormom e havaiano, o jovem Ed Parker foi o menino que primeiro alertou a guarda costeira norte-americana sobre a aproximação de aviões japoneses, que estavam prestes a bombardear Pearl Harbor. (Ed Parker Estate)

Hospital com dificuldades respiratórias. Poucos dias depois, seu pai (que havia se separado de sua esposa em 1974) teve um ataque cardíaco e foi internado no mesmo hospital. Em 14 de fevereiro, Elvis teve alta. Ele teve a satisfação de ver "My Boy" – outra canção da Stax – chegar ao 20º lugar nas paradas.

Elvis finalmente voltou aos estúdios de gravação entre 10 e 12 de março, quando gravou faixas para um novo álbum, *Today*, no estúdio da RCA, em Hollywood. Ele estava em ótima forma, gravando faixas que variavam da cativante "I Can Help" à introspectiva "Pieces Of My Life".

Ele voltou ao Hilton entre 18 de março e 1º de abril, em seguida passou a maior parte do verão em turnê. Um show em Jackson, no Mississipi, em 5 de maio, levantou mais de 100 mil dólares para as vítimas de um tornado que havia devastado McComb, no Mississipi, em janeiro. O baixista Jerry Scheff voltou à banda. Elvis estava com um certo sobrepeso, o que foi acentuado pelas roupas excessivamente elaboradas que ele usou.

O Summer Festival começou em Las Vegas em 18 de agosto de 1975, porém, três dias depois, Elvis estava de volta a Memphis com fadiga. Os shows foram remarcados para dezembro, quando Elvis voou para Las Vegas em sua nova aquisição, um avião a jato Convair

À direita: Todd Slaughter encontra-se com Elvis pela última vez, em 26 de junho de 1977, no aeroporto de Indianápolis. Todd recebeu um prêmio pelos dez anos como secretário do fã-clube britânico. George Parkhill, da RCA, observa. Esta foi a última foto oficial tirada de Elvis Presley. Sete semanas depois, em 16 de agosto de 1977, ele morreu em Graceland, sua mansão em Memphis. (EPFC)

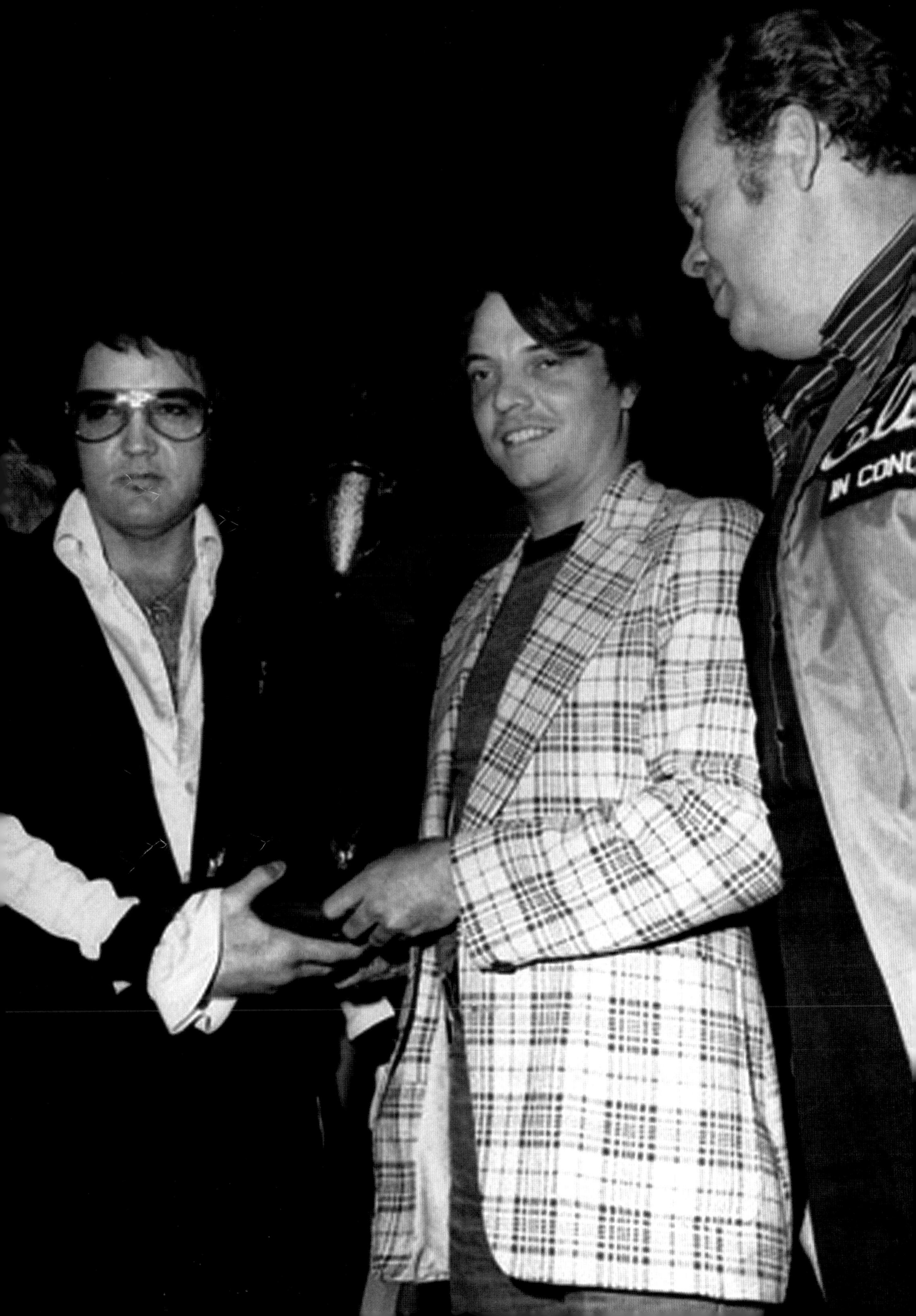

880, que ele havia personalizado e batizado de Lisa Marie. Elvis também havia comprado um pequeno avião a jato Star e estava construindo uma quadra de raquetebol (semelhante ao jogo de squash) em Graceland para satisfazer o seu interesse pelo esporte. (Em 1976, ele planejou abrir uma rede de quadras de raquetebol em todo o sul dos Estados Unidos, chamada "Presley Centre Courts", mas depois cancelou seus planos.)

DE VOLTA À FORMA

Os fãs que viram os shows no Hilton entre 2 e 15 de dezembro relataram que Elvis parecia muito mais saudável. Ele estava fazendo um show por noite e dois aos sábados. O grupo Voice se desfez, mas o seu tenor, Shaun Nielsen, permaneceu com Elvis.

No Natal, Elvis levou os amigos para um voo no *Lisa Marie* e deu-lhes muitas joias de presente. Na véspera de Ano-Novo, fez um show no gigantesco Silverdome, em Pontiac, no Michigan, para mais de 60 mil fãs, um novo recorde de bilheteria, 800 mil dólares.

Depois de umas férias em Vail, um resort de esportes de inverno no Colorado, em janeiro de 1976, Elvis concordou com a RCA em gravar em Graceland.

> Apesar de **todos** os **problemas** de saúde, sua **gloriosa voz** permaneceu fiel até o fim de sua **vida**

À direita: Em The Final Curtain, *Elvis Presley lê as palavras de "My Way" em seu último show em Indianápolis, em 26 de junho de 1977. (Dave Reynolds)*

A sala da selva foi transformada em um estúdio de gravação e, entre 2 e 7 de fevereiro, umas 12 faixas foram gravadas. O álbum resultante, *From Elvis Presley Boulevard, Memphis, Tennessee,* foi criticado por seu pessimismo em algumas canções, como "The Last Farewell" e "Hurt". Houve uma sincera "Danny Boy" e uma impressionante "Blue Eyes Crying In The Rain". Pessimista ou não, o álbum mostrou o talento artístico de Elvis. "Hurt" foi lançada como *single* e foi destaque em muitas apresentações. Outra canção gravada em Graceland, "Moody Blue" tornou-se um grande sucesso no fim do ano. Houve uma segunda sessão curta em Graceland, em outubro.

Elvis fez várias turnês, nove ao todo, em 1976, quando voltou a visitar o lago Tahoe e a tocar no Hilton, em dezembro. Era o bicentenário dos Estados Unidos e, quando ele cantava "America The Beautiful", as plateias de todos os lugares respondiam com entusiasmo. Em grande parte do ano, usou roupas conhecidas como "figurinos do bicentenário" e parecia um bocado arrumadinho. O pianista de longa data Glen Hardin saiu e foi substituído por Tony Brown. David Briggs juntou-se à banda no teclado, que era muito explorado quando Elvis cantava "Love Letters".

No que seria sua última temporada em Las Vegas, Elvis fez 15 shows entre 2 e 12 de dezembro. Os fãs que assistiram às apresentações constataram que nem tudo estava como deveria estar. Depois de um ótimo e longo show de estreia, Elvis parecia mal, especialmente nos olhos, quase sem brilho. Em 5 de dezembro, ele mancou no palco e disse que havia caído em seu quarto. Havia a preocupação de que não conseguisse concluir a temporada, porém, ele concluiu e, apesar dos problemas, a sua voz nunca o deixou na mão. Havia muito tempo ele tinha perdido o interesse em cantar os sucessos antigos e, em geral, passava batido por eles, mas cantou "Tryin' To Get To You" e "Blue Christmas" bem e virou-se em algumas versões engraçadas de "Are You

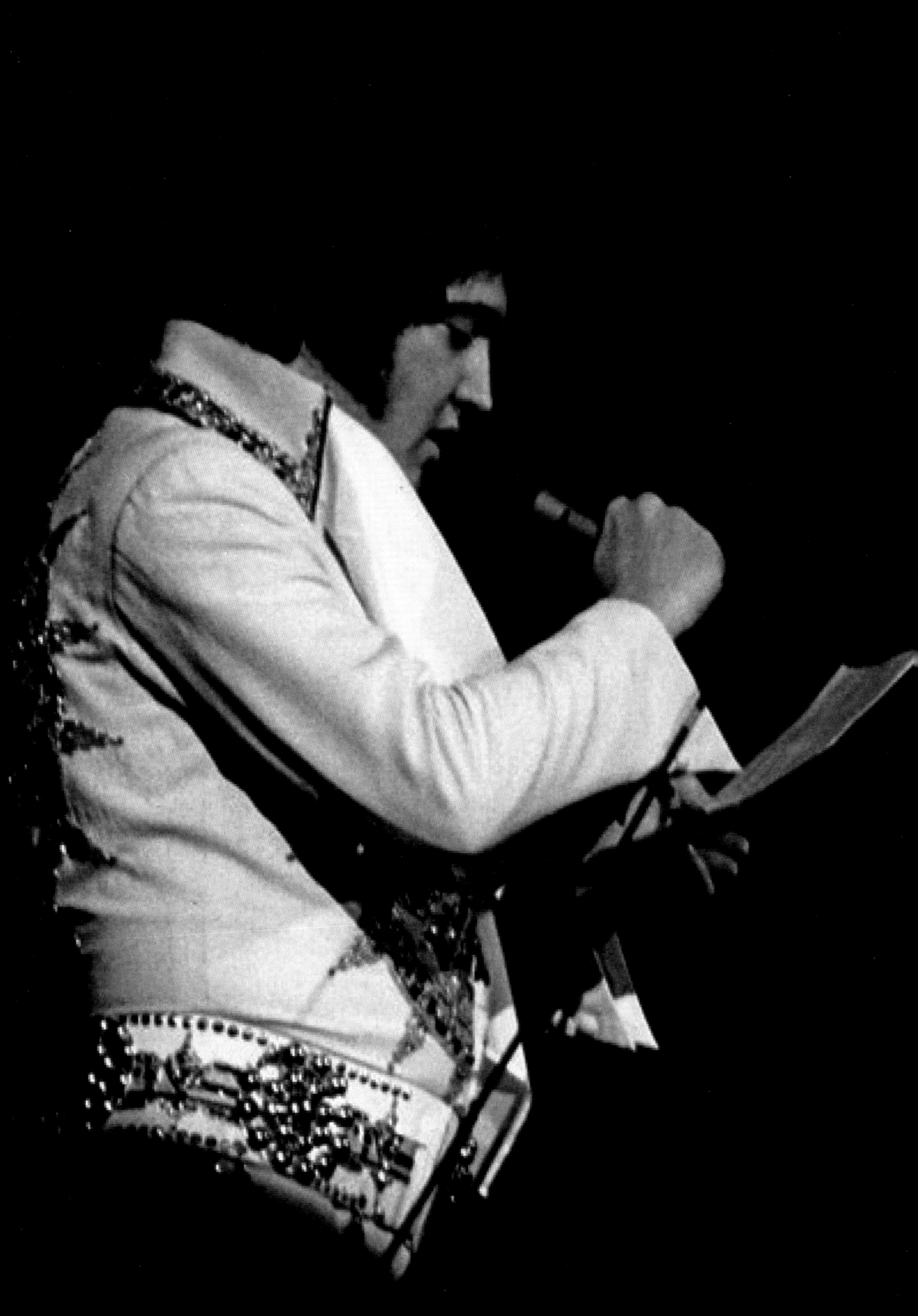

Lonesome Tonight", orquestrada por Charlie Hodge. No mês anterior, Linda Thompson finalmente havia deixado Elvis, e Ginger Alden, sua nova namorada, acompanhou-o nessa visita a Las Vegas. Uma breve turnê no fim do mês de dezembro mostrava Elvis em grande forma e o ano terminou em grande estilo com um show em Pittsburgh, em 31 de dezembro.

Durante 1976, três guarda-costas de longa data de Elvis foram demitidos por Vernon Presley, em parte para economizar e também porque, em virtude da mania litigiosa que varria os Estados Unidos, o comportamento muito agressivo deles resultou em vários processos judiciais embaraçosos. O descontente trio, Red e Sonny West e Dave Hebler, anunciou sua intenção de escrever um livro em que contaria tudo ao jornalista de tabloides Steve Dunleavy. Parecia que a privacidade que Elvis desfrutava em relação à sua vida pessoal estava prestes a se dissolver em um rebuliço de notícias escandalosas.

A sessão de gravação prevista para janeiro de 1977, em Creative Workshop, um novo estúdio em Nashville, foi cancelada quando Elvis alegou uma dor de garganta. Ele viajou em turnê pelos estados do leste dos Estados Unidos em fevereiro e, a seguir, em março, levou Ginger e vários amigos para o Havaí. A estadia deles em uma casa de praia em Kailua foi interrompida quando alguns grãos de areia caíram nos olhos de Elvis e eles voltaram para casa.

A turnê seguinte estava em andamento quando Elvis ficou doente no fim de março e os shows foram cancelados. Ele passou alguns dias no Baptist Hospital. As turnês continuaram; em Baltimore, em 29 de maio, houve mais preocupações depois que ele deixou o palco por 30 minutos no meio do show.

Apesar de todos os problemas de saúde de Elvis, o coronel Parker fechou um acordo com a CBS para um especial de TV. Elvis foi filmado em um show sem brilho em Omaha, Nebraska, em 19 de junho, e em Rapid City, Dakota do Sul, dois dias depois. O fã-clube britânico viajou para assistir aos shows em Cincinnati e em Indianápolis, em 25 e 26 de junho, respectivamente, e testemunhou o que seria o último dos shows de Elvis. O show de Indianápolis foi longo e Elvis estava radiante. Todd Slaughter foi filmado com ele no aeroporto da cidade antes do show, o que se tornou a última imagem de Elvis a ser registrada.

Quando a turnê acabou, Elvis voltou a Memphis, e Lisa Marie se juntou a ele em Graceland, em 31 de julho. Ele alugou Libertyland, a antiga Fairgrounds, para ela e os amigos dela. O livro dos guarda-costas, intitulado *Elvis: What Happened?*, foi publicado em 4 de agosto e dava detalhes, dentre outras coisas, da dependência de Elvis por medicamentos controlados.

AS ÚLTIMAS HORAS

Na madrugada de 16 de agosto, Elvis jogou raquetebol, em seguida, sentou-se ao piano e cantou algumas músicas antes de ir dormir. Na hora do almoço, Ginger acordou e encontrou Elvis desacordado no banheiro. Os paramédicos foram chamados e o levaram para o Baptist Hospital, mas já era tarde demais. A notícia de que Elvis Presley morreu de um provável ataque cardíaco correu rapidamente o mundo e os fãs estavam chocados.

Quando o funeral foi realizado, em 18 de agosto, depois de um velório em Graceland, os discos de Elvis esgotaram nas lojas em todo o mundo e as homenagens abundaram. Elvis foi enterrado em um mausoléu no cemitério Forest Hill, porém foi concedida a permissão para a remoção dele e de sua mãe para o jardim de meditação de Graceland. Em 2 de outubro, seus caixões foram levados de volta para casa.

Na noite seguinte, a CBS exibiu *Elvis In Concert* e os telespectadores ficaram chocados com o modo como Elvis parecia doente. Apesar de todos os problemas de saúde, sua gloriosa voz permaneceu fiel até o fim de sua vida.

À direita: O coronel Parker aguarda a chegada de seu astro para se apresentar pela última vez (EPFC)

NES
R LINES
AIR LINES
AIR LINES
TA AIR LINES
DELTA AIR LINES
THE CO

EPÍLOGO

Mais de três décadas após sua morte, a lenda de Elvis Presley ainda vive. Elvis pode estar morto agora há mais de um terço de século, mas o *marketing* criativo, a simples curiosidade e a emoção pura de ouvir sua voz mantêm sua memória e seu nome vivos nos quatro cantos do planeta. Como ele atingiu um recorde de vendas de discos sem precedentes em vida e superou esses totais ao morrer, é o ícone da música pop, cujo legado continua a ser critério para todos os artistas atuais e futuros. Sem dúvida, Elvis está aqui para ficar – hoje, amanhã e sempre.

Elvis deixou todo o seu espólio, que se acredita ter sido inferior a 5 milhões de dólares, para sua filha, Lisa Marie, em custódia até que ela completasse 25 anos de idade. Priscilla foi nomeada coexecutora do testamento de Elvis e, em grande parte, é em virtude de seu empreendedorismo e do seu tino para os negócios que a indústria de Elvis prosperou tanto desde sua morte. O espólio vale hoje bem mais de 100 milhões de dólares.

Memphis, claro, é o centro da maior parte das atividades de Elvis e uma Meca para os fãs, principalmente em janeiro, para as comemorações de aniversário, e em agosto, para a semana de Elvis, com sua vigília à luz de velas. A partir do fim de novembro de 1977, os fãs foram autorizados a visitar o túmulo de Elvis no jardim de meditação e, em junho de 1982, Graceland foi aberto como um museu e recebe 600 mil visitantes por ano. Os andares térreo e subsolo estão incluídos no roteiro, além do quintal. A incrível sala de troféus não pode deixar de impressionar e a quadra de raquetebol abriga hoje muitos prêmios de discos recentes. Cavalos ainda pastam na parte de trás. Não há atividade comercial nas terras – que é toda a avenida em Elvis Presley Plaza. No túmulo de Elvis, nunca faltam flores como homenagens. Seu pai e sua avó também estão enterrados lá, ao lado de Gladys.

> **Elvis viverá por meio de sua música e de sua influência sobre gerações de artistas**

O nome e a imagem de Elvis estão em toda a parte. Há centenas de livros – bons e ruins –, revistas e artigos. Há musicais, vídeos, DVDs, documentários, filmes biográficos, exposições e leilões. Há centenas de eventos sociais de fãs, convenções, passeios comemorativos e feriados. A TCB Band (os músicos dos anos 1970 de Elvis) percorreu o mundo com o show "Virtual Elvis". Houve gravações não autorizadas, *lançamentos de material anteriormente descartado*, compilações e *remixes* da música de Elvis, como o de "A Little Less Conversation", de 1968, que ficou em primeiro lugar no Reino Unido em junho de 2002. Os arquivistas Ernst Jorgensen e Roger Semon fizeram maravilhas com o catálogo de Elvis desde o início dos anos 1990 e produziram várias coleções de *Box* de CDs em embalagens elaboradas com tanto esmero que contrasta fortemente com quase tudo que foi produzido durante a vida de Elvis. Sua música ainda vende, e muito.

Estátuas de Elvis enfeitam várias cidades ao redor do mundo. Lembranças e recordações tentam os fãs a gastar seu dinheiro. Comerciais de TV com sua música, sua imagem ou seu nome aparecem com frequência. Inúmeros "sósias" se apresentam, alguns com sucesso. *Sites* sobre Elvis existem em abundância e muitos fãs trabalham incansavelmente para a caridade em seu nome.

As pessoas mais importantes na vida de Elvis se foram: Vernon morreu em 1979, o coronel Parker, em 1997; J. D. Sumner, em 1998; e Sam Philips, em 2003; além de muitos mais que fizeram parte da história de Elvis.

Elvis viverá por meio de sua música e de sua influência sobre gerações de artistas. E, para seus fãs, sem uma canção de Elvis, o dia nunca termina.

CRÉDITOS

Agradecimento

Os autores gostariam de agradecer a Rita Nixon, Richard Harvey e Janice Scott (Tupelo) pela ajuda e pelo incentivo.

Principais Fontes de Referência

Elvis Day By Day (Peter Guralnick/Ernst Jorgensen)
A Life In Music – The Complete Recording Sessions (Ernst Jorgensen)
Elvis Word For Word (Jerry Osborne)
Elvis, The Concert Years 1969-1977 (Stein Erik Skar)

Nosso Conteúdo Fotográfico

Acreditamos que, ao longo de sua vida, Elvis Presley tenha sido mais fotografado do que qualquer outra estrela no mundo do entretenimento. Gostaríamos de agradecer a todos os nossos pesquisadores de imagens por seus esforços em nos fornecer algumas das mais raras fotos de Elvis Presley, tiradas ao longo dos anos com algumas das maiores celebridades do mundo. Agradecimentos especiais vão para Pal Granlund (Flaming Star EPFC, da Noruega – que detém o maior arquivo de imagens de Elvis fora dos Estados Unidos), Joe A. Tunzi (JAT Publishing, Chicago), Jean-Marie Pouzenc (Elvis: My Happiness, fã-clube de Paris), Jean-Marc Gargiullo (Treat Me Nice EPFC, da França), MGM, Universal, Paramount, Hal B. Wallis, o coronel Tom Parker, Tom Jones, Dave Reynolds, *sir* Jimmy Savile, OBE, KCSG e o arquivo de imagens do fã-clube oficial de Elvis Presley da Grã-Bretanha.

À direita: Faron Young com sua esposa e Elvis no Grand Ole Opry, em 21 de dezembro de 1957. (Granlund)
Páginas seguintes: Liberace com Elvis em Las Vegas em 1956. (Granlund)

Sobre os Autores

Anne E. Nixon é fã de Elvis Presley desde 1956 e assistiu a 40 shows no Las Vegas Hilton entre 1972 e 1976. Ela já escreveu centenas de artigos para revistas em todo o mundo. Em 1986, seu livro *Elvis, Ten Years After* foi publicado. Ela é coeditora da revista do fã-clube britânico oficial. Anne mora em Dudley, em West Midlands, na Grã-Bretanha.

Todd Slaughter está no fã-clube oficial de Elvis Presley desde 1962 e assumiu como presidente em 16 de agosto de 1967, dez anos antes da morte de Elvis. Ele esteve com Elvis em 1972, 1973 e 1977, e tinha um excelente relacionamento com seu empresário, o coronel Tom Parker. Fora do mundo de Elvis, Slaughter, um engenheiro mecânico, editou e publicou uma série de revistas, particularmente a *CB News* e a *Satellite TV News*, ambas as quais lideraram mudanças na comunicação e na radiodifusão no Reino Unido.

Como locutor de rádio, Todd Slaughter apareceu na maioria das grandes redes em todo o mundo e, atualmente, pode ser ouvido na SAGA 106.6 FM, como coapresentador da hora de Elvis, com o veterano diretor da rádio SAGA, Ron Coles.

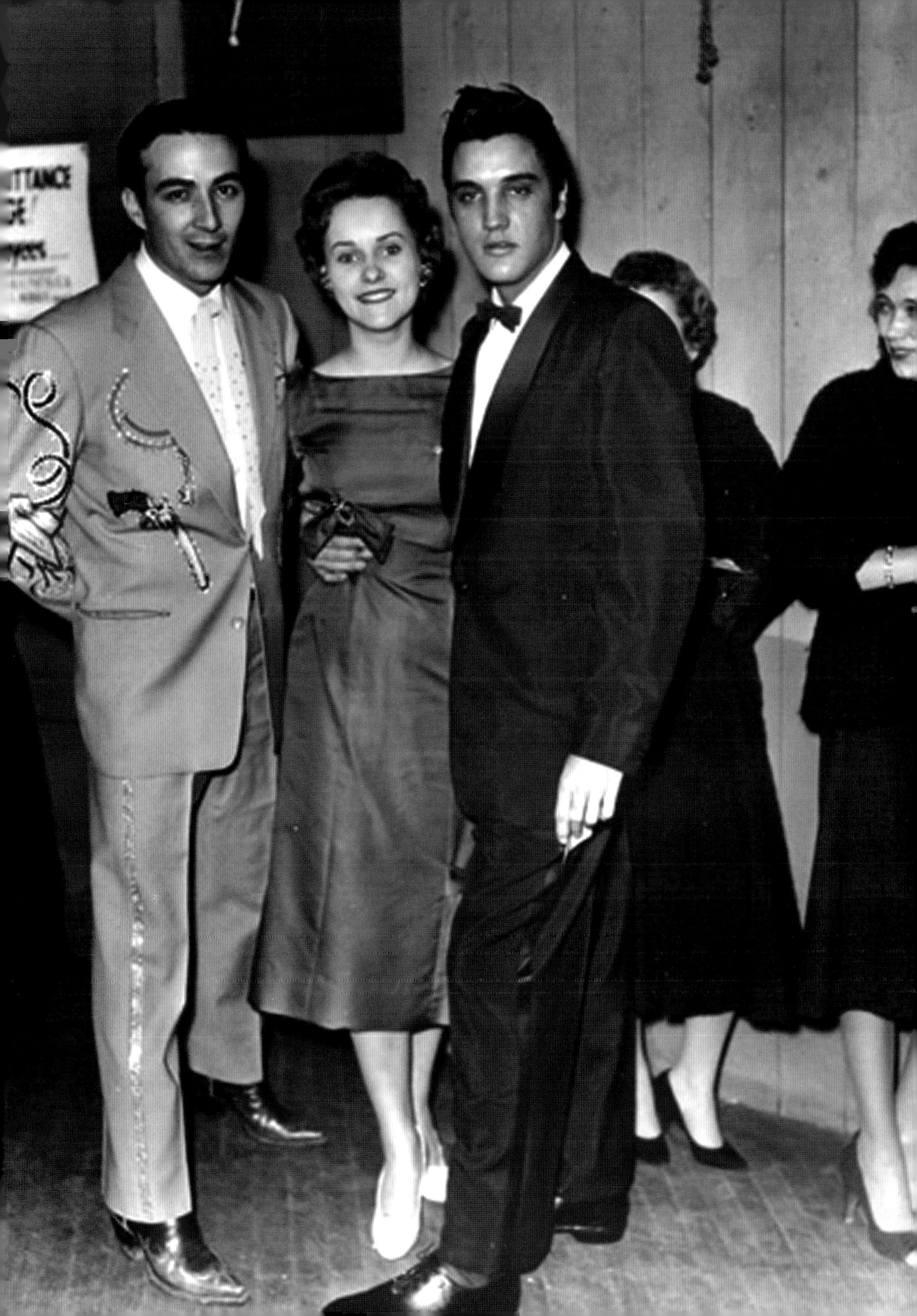

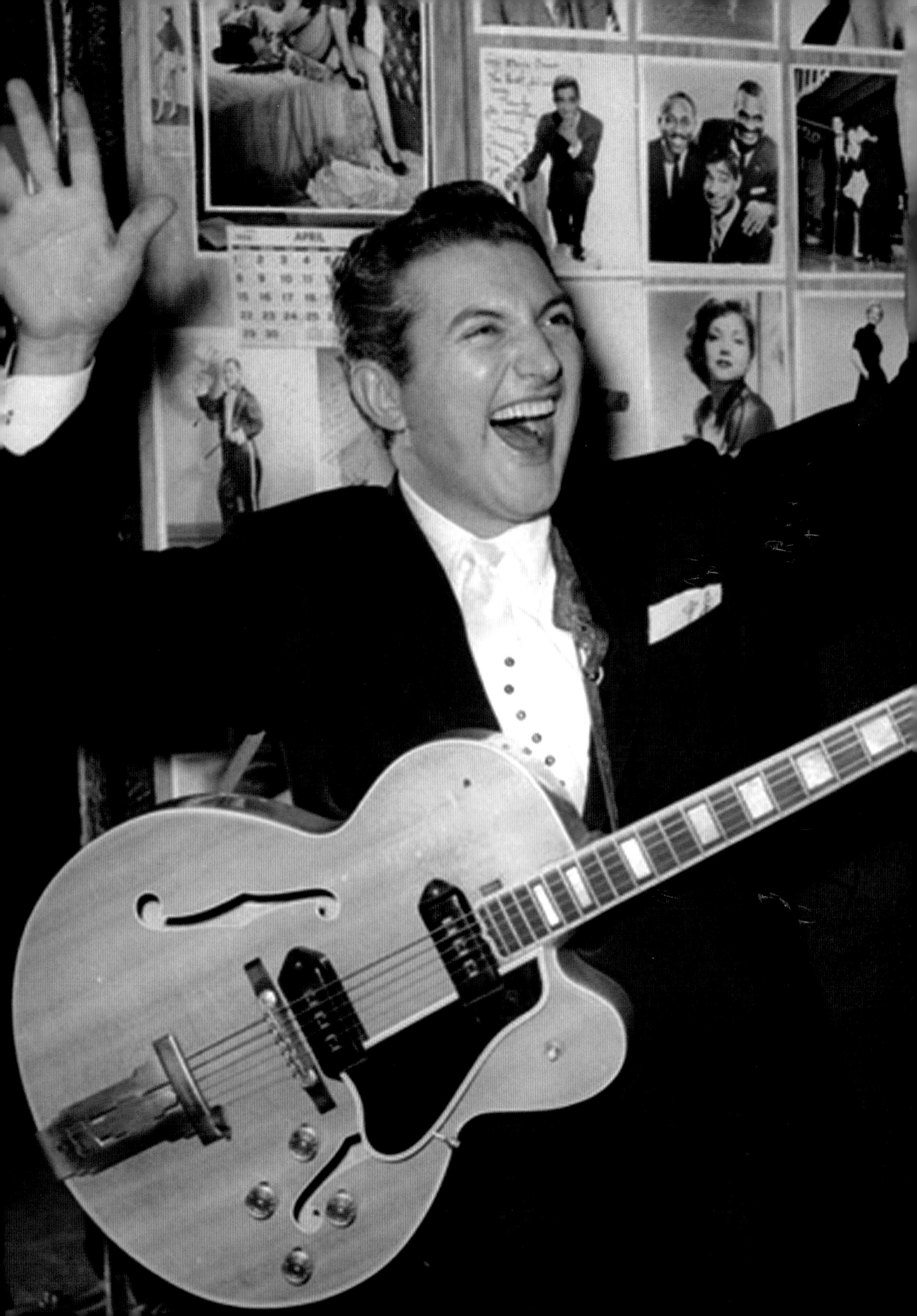
APRIL

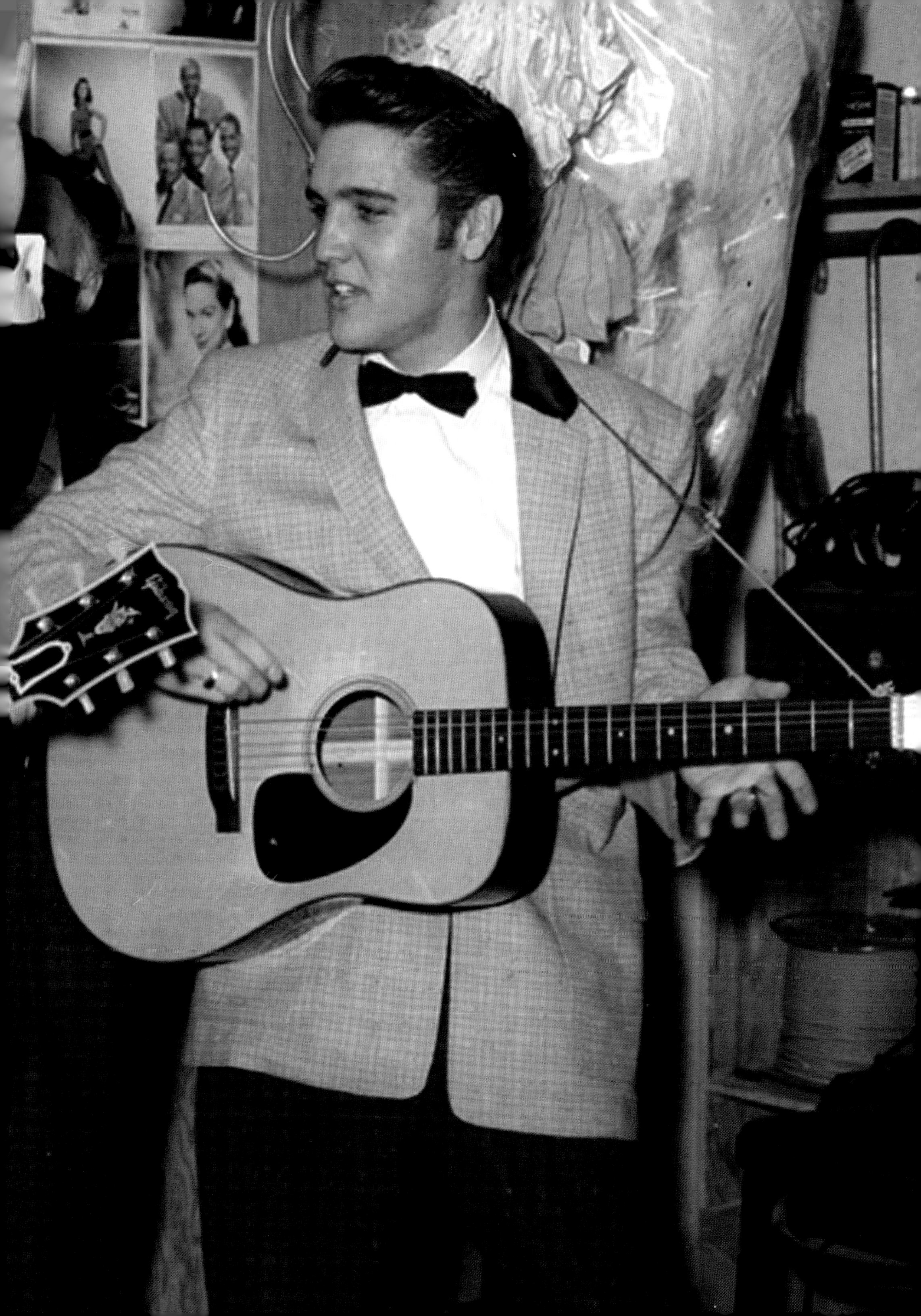

Sobre o Fã-Clube

O fã-clube oficial de Elvis Presley na Grã-Bretanha é o maior do mundo. Há uma participação ativa de 20 mil membros, e revistas do fã-clube são exportadas para todo o mundo. A base dos fãs britânicos tem uma rede de líderes locais em todo o país. O fã-clube administra viagens para Memphis e outros lugares nos Estados Unidos duas vezes por ano, recebe eventos temáticos sobre Elvis de uma semana de duração e, ocasionalmente, une-se a parceiros europeus para a fase das convenções internacionais em toda a Europa.

Para mais detalhes escreva para: EPFC, PO Box 4, Leicester, LE! 3ZL, Inglaterra.
Visite: www.elvisweb.co.uk.

Nota do Editor

A Madras Editora não participa, endossa ou tem qualquer autoridade ou responsabilidade no que diz respeito a transações particulares de negócio entre o autor e o público.

Quaisquer referências de internet contidas neste trabalho são as atuais, no momento de sua publicação, mas o editor não pode garantir que a localização específica será mantida.

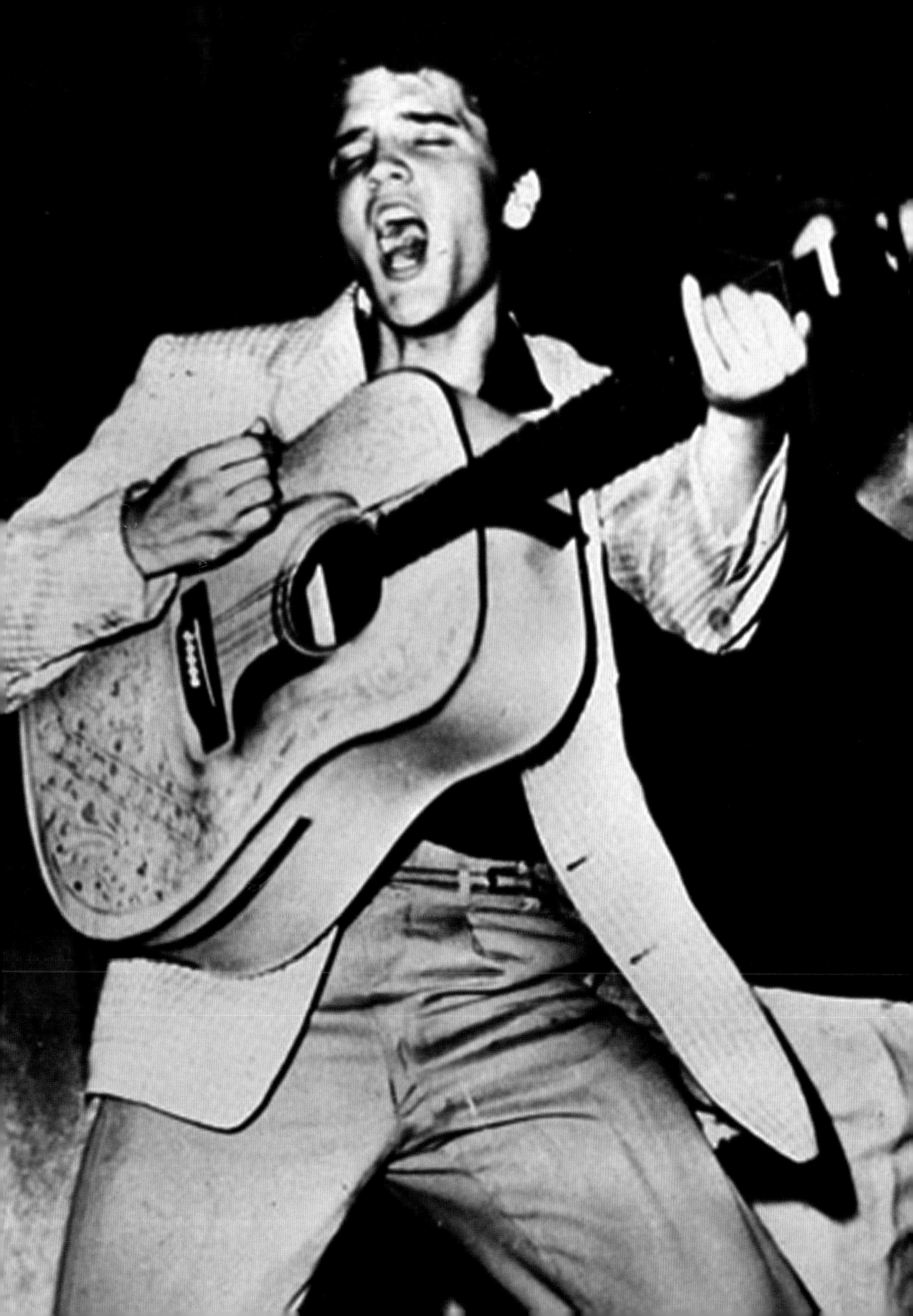

Leitura Recomendada

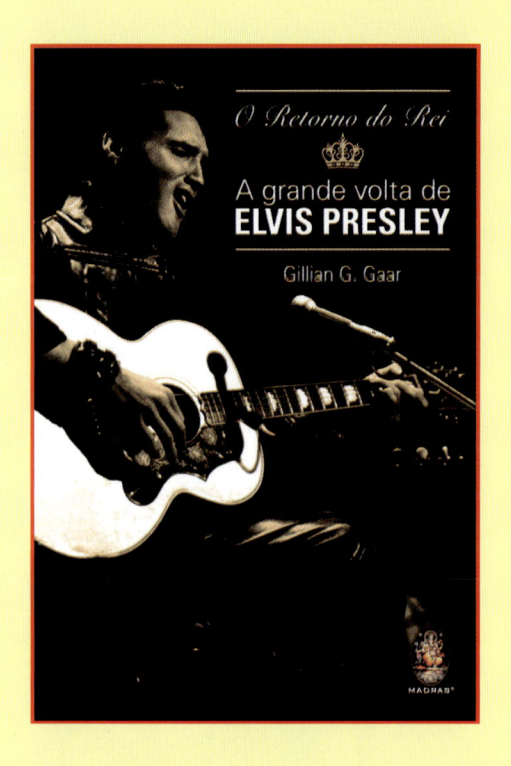

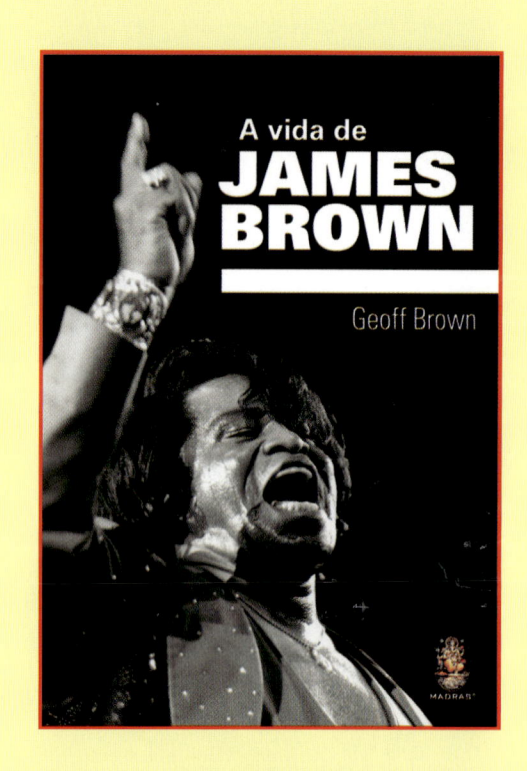

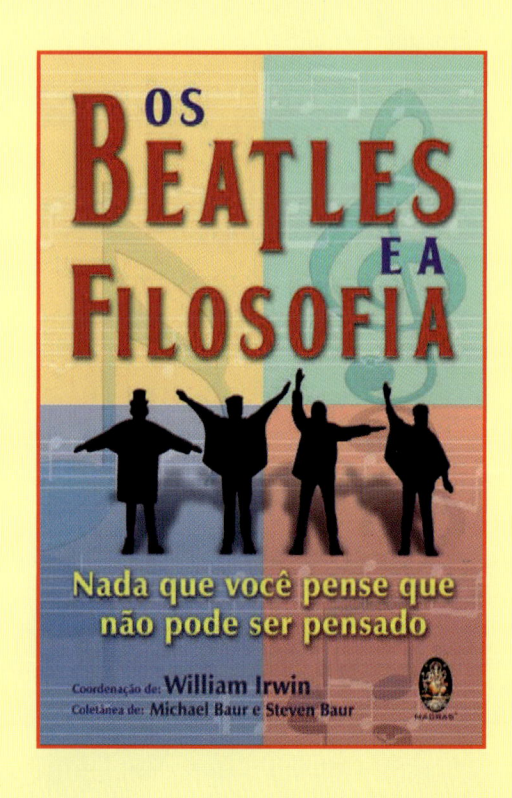

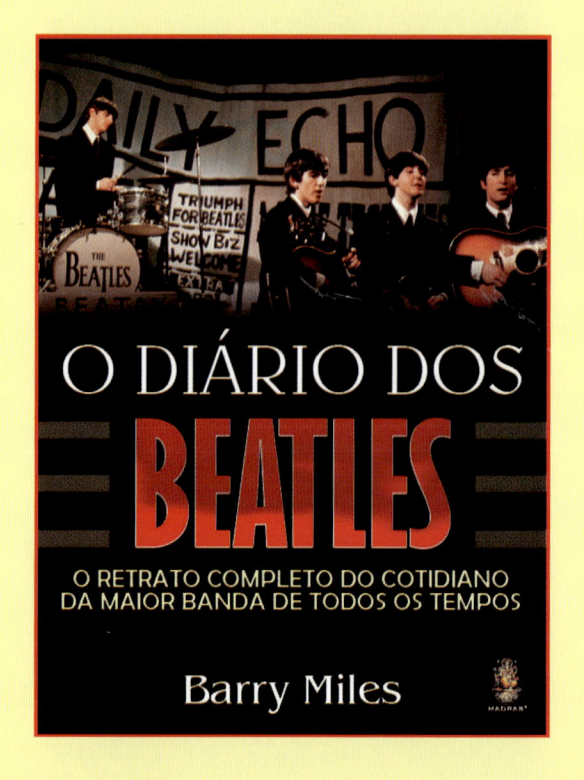

O Retorno do Rei — A grande volta de ELVIS PRESLEY
Gillian G. Gaar

A vida de JAMES BROWN
Geoff Brown

OS BEATLES E A FILOSOFIA
Nada que você pense que não pode ser pensado
Coordenação de: William Irwin
Coletânea de: Michael Baur e Steven Baur

O DIÁRIO DOS BEATLES
O RETRATO COMPLETO DO COTIDIANO DA MAIOR BANDA DE TODOS OS TEMPOS
Barry Miles

Leitura Recomendada

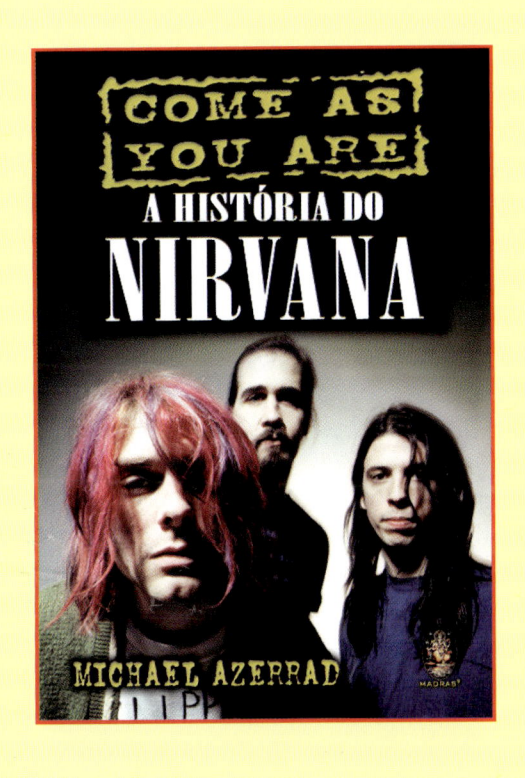

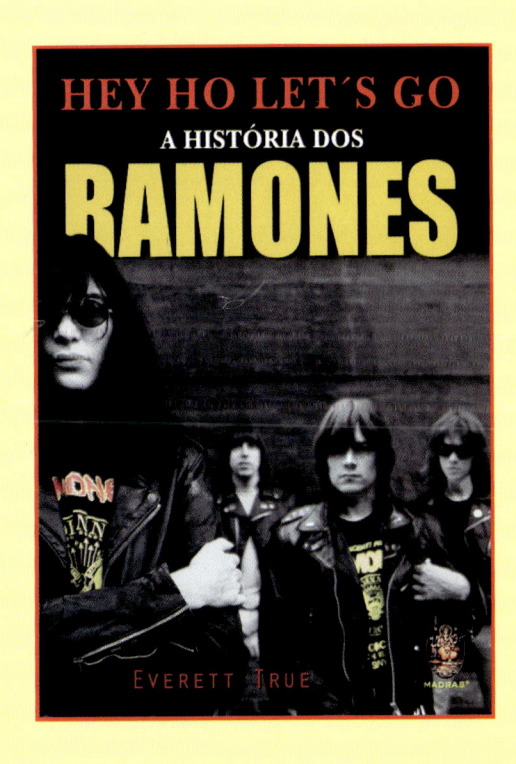

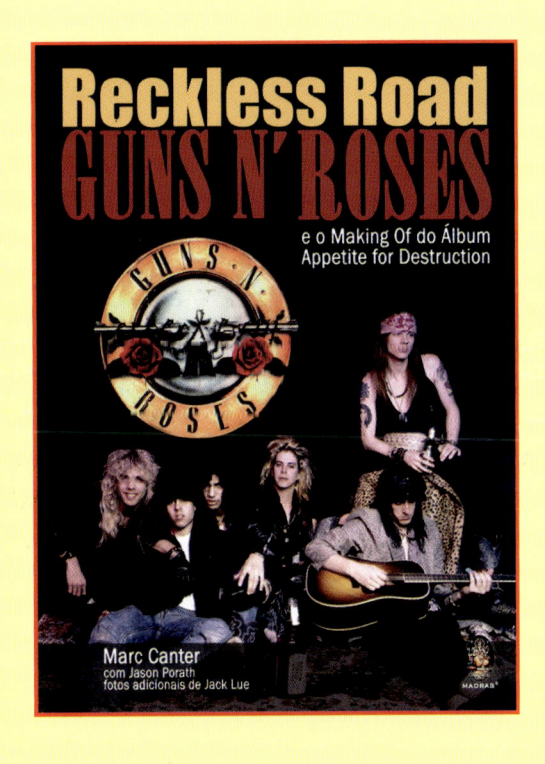

COME AS YOU ARE — A HISTÓRIA DO NIRVANA
Michael Azerrad

100 CANÇÕES & FOTOS — DYLAN

HEY HO LET'S GO — A HISTÓRIA DOS RAMONES
Everett True

Reckless Road — GUNS N' ROSES e o Making Of do Álbum Appetite for Destruction
Marc Canter com Jason Porath, fotos adicionais de Jack Lue

Leitura Recomendada

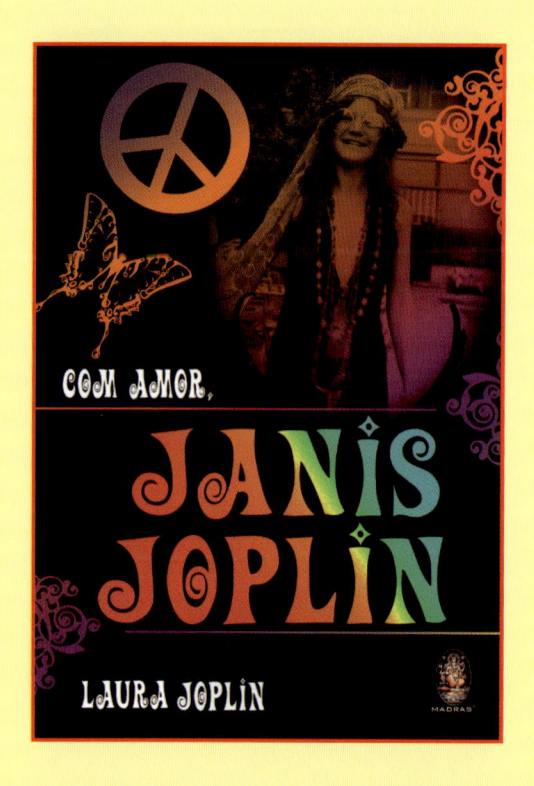

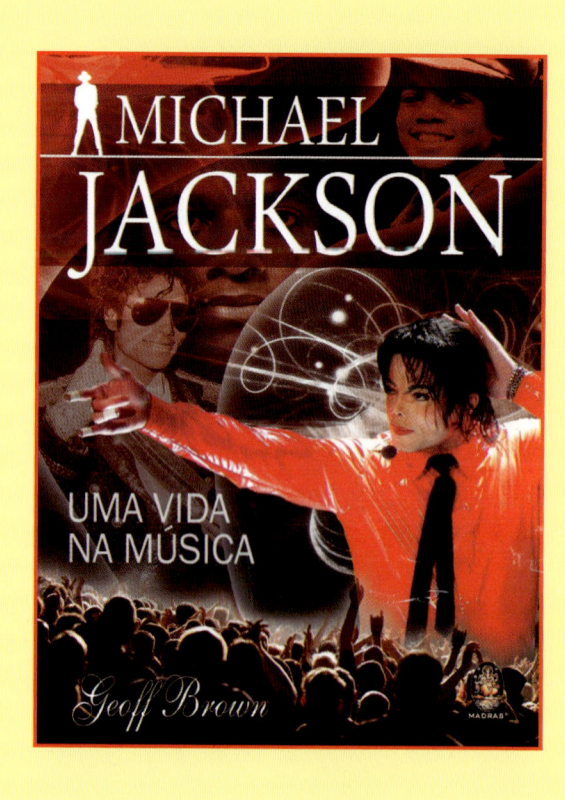

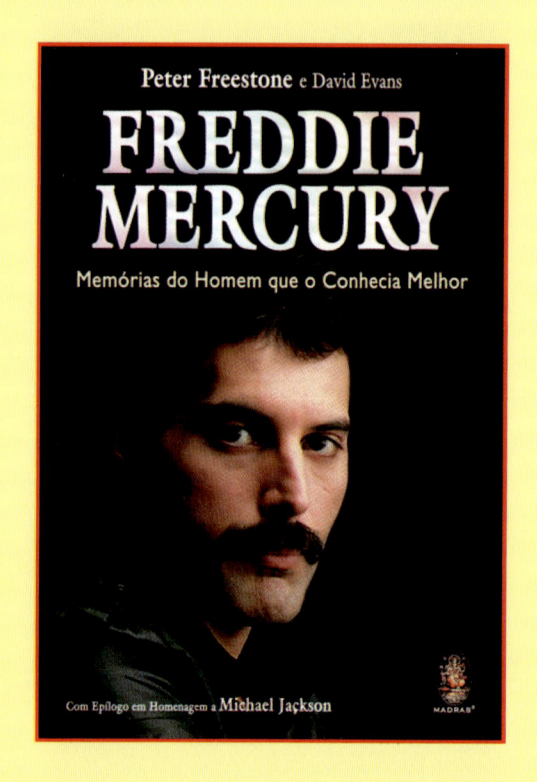

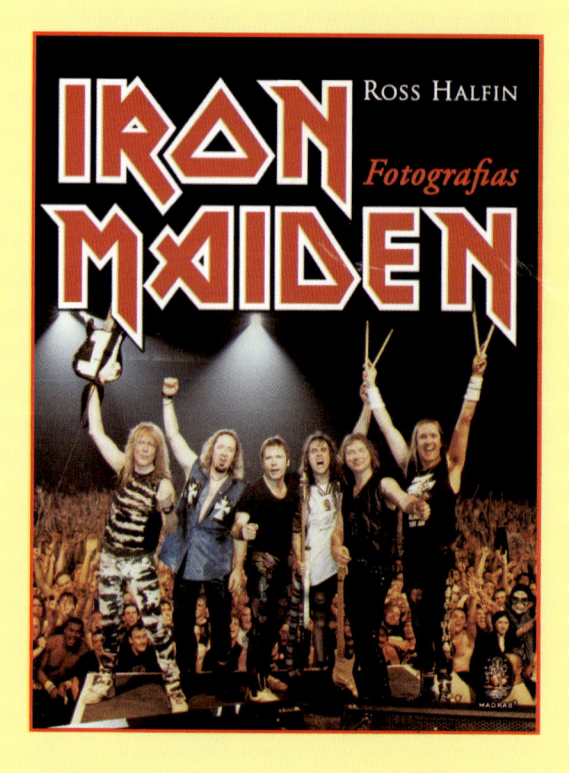

- Com Amor, Janis Joplin — Laura Joplin
- Michael Jackson: Uma Vida na Música — Geoff Brown
- Freddie Mercury: Memórias do Homem que o Conhecia Melhor — Peter Freestone e David Evans (Com Epílogo em Homenagem a Michael Jackson)
- Iron Maiden: Fotografias — Ross Halfin

MADRAS Editora

CADASTRO/MALA DIRETA

Envie este cadastro preenchido e passará a receber informações dos nossos lançamentos, nas áreas que determinar.

Nome _____
RG _____ CPF _____
Endereço Residencial _____
Bairro _____ Cidade _____ Estado _____
CEP _____ Fone _____
E-mail _____
Sexo ❏ Fem. ❏ Masc.   Nascimento _____
Profissão _____ Escolaridade (Nível/Curso) _____

Você compra livros:
❏ livrarias   ❏ feiras   ❏ telefone   ❏ Sedex livro (reembolso postal mais rápido)
❏ outros: _____

Quais os tipos de literatura que você lê:
❏ Jurídicos   ❏ Pedagogia   ❏ Business   ❏ Romances/espíritas
❏ Esoterismo   ❏ Psicologia   ❏ Saúde   ❏ Espíritas/doutrinas
❏ Bruxaria   ❏ Autoajuda   ❏ Maçonaria ❏ Outros:

Qual a sua opinião a respeito desta obra? _____
_____

Indique amigos que gostariam de receber MALA DIRETA:
Nome _____
Endereço Residencial _____
Bairro _____ Cidade _____ CEP _____

Nome do livro adquirido: ***Os Arquivos de Elvis***

Para receber catálogos, lista de preços e outras informações, escreva para:

MADRAS EDITORA LTDA.
Rua Paulo Gonçalves, 88 – Santana – 02403-020 – São Paulo/SP
Caixa Postal 12183 – CEP 02013-970 – SP
Tel.: (11) 2281-5555 – Fax.:(11) 2959-3090
www.madras.com.br

Este livro foi composto em Times New Roman, corpo 12/15.
Papel Couche 115g
Impressão e Acabamento
Hr Gráfica e Editora — Rua Serra de Paraicana, 716 — Mooca— São Paulo/SP
CEP 03107-020 — Tel.: (011) 3341-6444 — e-mail: vendas@hrgrafica.com.br